Elert Bode (Hg.)

Dem Vergnügen der Einwohner ...

**Das Alte Schauspielhaus
und die Komödie im Marquardt
in der Theaterstadt Stuttgart   1976 – 2002**

Über Theatermacher, Zuschauer, Kulturbürokraten, Spielpläne, Niederlagen und Erfolge

Bleicher Verlag

Die Deutsche Bibliothek – CIP-Einheitsaufnahme

Dem Vergnügen der Einwohner … : das Alte Schauspielhaus und die Komödie im Marquardt in der Theaterstadt Stuttgart 1976-2002 ; über Theatermacher, Zuschauer, Kulturbürokraten, Spielpläne, Niederlagen und Erfolge / Winfried Roesner u.a. Hrsg. Elert Bode. – Gerlingen : Bleicher, 2002
ISBN 3-88350-337-1

© 2002 Bleicher Verlag GmbH, Gerlingen
www.bleicher-verlag.de
Alle Rechte vorbehalten
Herstellung: Maisch + Queck, Gerlingen
Innengestaltung und Umschlag: Christa Gnädig, Bleicher Verlag
ISBN 3-88350-337-1

INHALT

WINFRIED ROESNER: DEM VERGNÜGEN DER EINWOHNER ...
Subjektive Impressionen von der Theaterstadt Stuttgart 1976-2002   7

PETER KÜMMEL: DER THEATERMACHER   44

ELERT BODE: WENN MAN AMÜSIERTHEATER MACHT   46

KOMÖDIE IM MARQUARDT   1976-2002   50

ALTES SCHAUSPIELHAUS   1984-2002   104

ELERT BODE: GLÜCK GEHABT   142

CARL PHILIP VON MALDEGHEM: HIMMEL, WAS WERD' ICH SAGEN?   147

NAMENREGISTER   151

BILDNACHWEIS   156

WINFRIED ROESNER
DEM VERGNÜGEN DER EINWOHNER ...
Subjektive Impressionen von der Theaterstadt Stuttgart 1976-2002

GELIEBTER LÜGNER

Goethe hat es dem *Faust* vorangestellt: das Vorspiel auf dem Theater. Diese kleine Stuttgarter Theatergeschichte, an der Elert Bode so nachdrücklich mitgeschrieben hat, beginnt bereits sechs Jahre vor Stuttgart und ein paar Kilometer neckaraufwärts, in Esslingen. Hier ist Bodes Einstieg in Schwaben. Der Schlesier, der 1970 gerade aus Westfalen kommt, übernimmt die Württembergische Landesbühne Esslingen.

Als Elert Bode und ich, der Chronist, über vergangene und noch andauernde Zeiten plaudern, sagt er: »In meinen dreißig schwäbischen Jahren gibt es zwei Konstanten: Die eine ist Fritz Gross, mein Esslinger Zahnarzt, die andere sind Sie. Sie haben als Erster über mich geschrieben.«

Die Neugier lässt mich in meinem Archiv wühlen. Kann der Kritiker gegenüber dem Zahnarzt bestehen? Hat er gebohrt? Hat es womöglich wehgetan?

Bodes Einstand als Intendant, Regisseur und Schauspieler war die Rolle des George Bernard Shaw in *Geliebter Lügner*, seine Partnerin als Stella Campbell war Adelheid Seeck. Der Titel meiner Rezension vom 23. September 1970, »Feuerwerk aus der Hutschachtel«, bezog sich zunächst nur auf den Briefwechsel einer gegenseitigen Verzauberung. Ein paar kritische Anmerkungen – mehr ermunternd als bohrend – gab es dann doch: »Elert Bode ... spielte zu bescheiden und allweil ein wenig kleiner als Shaw. Auch in der Regie, die am Anfang zu statuarisch angelegt war, zu sehr auf Stehpult und Sessel fixiert, und die erst bei der Pygmalion-Kostprobe das Gelesene zu Gespieltem auftauen ließ. Bode hatte zu Recht auf jeden Historismus verzichtet ... Adelheid Seeck und Elert Bode spielten nicht nur die echte Stella und den echten Shaw, sondern auch deren bereits gespielte,

Heinz Nixdorf, der legendäre Paderborner Computer-Industrie-Pionier, warnte mich eindringlich vor meinem Umzug in den Süden Deutschlands: »Bei den Schwaben können Sie nur unglücklich werden!«
Die freundschaftlich gemeinte Prophezeiung hat sich sehr schnell als falsch erwiesen.
    Elert Bode

künstliche Rollen: das, was sie voreinander sein wollten.« Und zum Feuerwerk der in Stellas Hutschachtel unter ihrem Bett gefundenen Briefe: »Die Landesbühne Esslingen zündete es erneut an, ironisch schillernd, zärtlich rau und hübsch unterhaltend.«

Das ist dann doch ein passender Text zum Vorspiel: In dieser Charakterisierung mag man Linien eines Spiels sehen, die ich, die wir immer wieder bei Elert Bode haben entdecken können. Wie ironisch schillernd war etwa sein *General Quixotte* in dem Stück von Jean Anouilh, wie zärtlich rau sein grantiger Jude in *Besuch bei Mr. Green* von Jeff Baron. Und hübsch unterhaltend – bitte! passt das nicht auf die weitaus meisten Inszenierungen, die Bode im Alten Schauspielhaus und in der Komödie im Marquardt vor die Zuschauer gebracht hat: »Dem Vergnügen der Einwohner« zugedacht? So stand es einst über dem Portal des Potsdamer Schauspielhauses. Das schließt die hehren Widmungen wie »Dem Guten, Wahren, Schönen« nicht aus, sondern ein, zielt aber trefflicher auf die Menschen, denen das Theater heiter *genügen* will. Wenn es denn ein Credo Bodes gibt, das seine Spielpläne bestimmt hat, dann doch dies: Dem Vergnügen der Einwohner. Für sie hat er Theater gemacht. Für sie hat er den Schauspieler als den ewig geliebten Lügner gegeben, hat Illusionen gezaubert und Einsichten unterschoben.

Adelheid Seeck und Elert Bode

Das Esslinger Vorspiel passt gut in die Stuttgarter Theaterlandschaft.

DAS JAHR, MIT DEM WIR BEGINNEN

1976 geht ein Medaillenregen auf Rosi Mittermaier nieder, sahnt der Film *Einer flog über das Kuckucksnest* die Oscars ab, macht Peter Zadek Skandal mit seinem *Othello*. Mao stirbt und Jimmy Carter wird Präsident. Eine Giftgaskatastrophe ächtet den Ort Seveso. Bayreuth feiert 100 Jahre Festspiele mit dem Jahrhundert-*Ring* Patrice Chéreaus und führt auch damals schon den Wagner'schen Erbfolgekrieg. Agatha Christie stirbt, und Wolf Biermann wird ausgebürgert.

September 1976. Auf der Bühne des Kleinen Hauses sitzt ein alter Mann auf einer Parkbank und schneit langsam ein. Das Gesicht unter einer Lear-Maske versteckt, ein lächerliches Krönchen sitzt schief auf der grotesken Fratze. Der große Bernhard Minetti stirbt in *Minetti* als Lear.

Wir springen mitten hinein in die aufregenden Peymann-Jahre. Claus Peymann entdeckt Thomas Bernhard für das Theater, und Stuttgart sonnt sich mit dieser (und anderen) Uraufführungen) im Mittelpunkt des Interesses der Theaterwelt.

Dieweil Peymann und seine fröhliche Rasselbande sich die Lorbeeren aufsetzen, liegt Stuttgart durchaus nicht im *Zwielicht*, wie der Titel der ersten Aufführung in der Komödie im Marquardt vermuten lässt. Regie führt der fernseherfahrene Ludwig Cremer.

Elert Bode übernimmt ein Boulevard-Theater mit Niveau, das Intendant Bertold Sakmann ein Vierteljahrhundert zwischen Not und Glanz und mit vielen Stars geleitet hatte. Die große Käthe Dorsch hatte in der ersten Spielzeit die Türen geöffnet – und alle, alle kamen. Elert Bode, der Erbe, ist einer von 34 Bewerbern. Seinen Hang zur leichten Muse (die bekanntlich sehr schwer sein kann) begründet er pointensicher.

Und er verspricht den Stuttgartern: »Die Komödie bleibt ein schauspieler-bezogenes Unterhaltungstheater.«

Und die Stars? Kommen auch, sind aber inzwischen ein bisschen jünger. Zuerst in der Komödie, später auch im Alten Schauspielhaus sieht man die Damen von Karin Dor bis Ida Ehre, von Ruth Maria Kubitschek bis Inge Meysel; und die Herren sind so unterschiedlich vertreten wie Jochen Busse und Kurt Meisel, Hans Korte, Dieter Laser, Will Quadflieg oder Charles Regnier. Unter ihnen auch Dietz-Werner »Bienzle« Steck, der sich gelegentlich von seinen Pflichten als Tatort-Kommissar entbinden lässt. Doch die Zeiten haben sich in den späten 70-er Jahren geändert. Sakmanns Komödie lebte noch von den Filmstars von Ufa und Tobis, Schauspieler, die alle noch (in Berlin) Theater ge-

---

Ich bin der Meinung, dass die deutsche Theaterlandschaft gekennzeichnet ist durch eine außerordentliche Verzagtheit und Angst der Theaterleute. ... Das wissen wir schon lange, dass die kühnsten und extremsten Aufführungen plötzlich von allen gemacht werden. Gutes Theater war merkwürdigerweise gleichzeitig auch immer erfolgreich, so skandalös oder unverschämt es auch gewesen sein mag.
Claus Peymann

Ich glaube einfach, dass ich Curt Goetz besser machen kann als den »Götz von Berlichingen«.
Elert Bode

Die Mischung unsres Publikums in der Komödie muss eigentlich das Herz jedes Linken höher schlagen lassen, denn in der Komödie sind wirklich alle Klassenschranken aufgehoben. Da sitzt die Serviererin aus dem Mövenpick neben dem Chefarzt aus dem Katharinenhospital.
Elert Bode

spielt haben und das Bühnenmetier beherrschen. Als Bode kommt, ist diese Generation über 70. Wer danach zu den Stars zählt, kann oder will in der Regel nicht mehr Theater spielen. Und viel wächst ohnehin nicht nach. Oder ist nicht mehr zu bezahlen.

Das Publikum aber nimmt das Haus an. In den nächsten 26 Jahren wird in der Komödie siebentausendneunhundert Mal der Vorhang hochgehen und über zweieinhalb Millionen Zuschauer werden sich (meist) amüsieren und gut unterhalten fühlen.

Mit der Komödie im Marquardt hat Bode ein typisches Großstadtangebot. Boulevardtheater diesen Zuschnitts gibt es in Berlin und München, in Köln und Düsseldorf. Die Muse dieser Bühnen ist leichter geschürzt und lockerer im Ton, aber längst etabliert. Und wenn Claus Peymann *Die Blume von Hawaii* spielt oder Peter Stein *Das Sparschwein*, muss Bode sich nicht rechtfertigen, wenn er *Irma la Douce* oder *Hokuspokus* zeigt. Selbstironisch hat er sein Amüsiertheater mit »Ehebruch im Schöner-Wohnen-Milieu« umschrieben, aber das ist die Ausnahme. Dazu zählt weder Goethe (*Die Mitschuldigen*) noch Molière (*Schule der Frauen*), auch nicht Scribe (*Das Glas Wasser*), Simon (*Barfuß im Park*) oder Gurney (*Love Letters*). Die Palette ist breit und bunt. Da haben Georg Kaiser und Ephraim Kishon Platz, da spielt man Klassiker wie Calderons *Dame Kobold*, Musicals wie *Kiss me Kate*, *Nonnsense* und *Der Mann von La Mancha*. Krimis gehören dazu wie *Gaslicht*. Da gibt es *Ein Zimmer für zwei* und *Fisch zu viert*. *Tumult im Narrenhaus* und *Tratsch im Treppenhaus* – oder mit einem Wort (und Titel): *Jedem das Seine*. Fünf Inszenierungen pro Spielzeit und ein Stück für Kinder, vom *Räuber Hotzenplotz* bis *Hänsel und Gretel*.

Elert Bode kann rechnen. Er kann Bilanzen lesen. Manchmal wird er fast dafür bestraft. Man muss nicht Äpfel mit Birnen vergleichen, aber interessant ist es schon, dass in seinen Häusern jeder Platz mit 22 Mark bezuschusst wird, im Staatstheater mit 220 Mark.

Und die Nachbarn – 1976? Das Theater der Altstadt ist seit sechs Jahren von Otto Herbert Hajek farbenfroh einbetoniert im Untergrund des U-Bahn-Schachtes Charlottenplatz. Klaus Heydenreich und Elisabeth Justin haben die harten Zeiten ihres Anfangs hinter sich und spielen gut gelaunt *Schule mit Clowns*, am Nachmittag für Kinder, am Abend für Erwachsene.

Das Theater tri-bühne atmet neuen Geist mit Michael Koerbers *Urfaust*. Im heimeligen Heslacher Hinterhof des Theaters am Faden begeistert *Der sternäugige Schäfer*. Marionettenspieler Hugo Baierle, eben noch gefeierter Jubilar mit dem ältesten Puppentheater in Stuttgart, hat Raumsorgen. Der weltbekannte Clown Gustaf und Albrecht Rosers (be)strickende Oma aus Stuttgart nehmen gerade am Internationalen Puppenspielfestival

Wir haben im Schauspiel die höchsten Besucherzahlen im Land und den geringsten Pro-Kopf-Zuschuss.
Elert Bode

in Moskau teil. Norbert Laubacher, der 1981 das studio theater Stuttgart begründen wird, spielt noch im Theater der Altstadt. Im November startet das Theater im Westen mit Courtelines Einakter *Der häusliche Friede*. Hier beginnt eine Stadtteilkultur mit Schauspiel, literarischem Kabarett und Trollinger. Die Rampe gibt es noch nicht. Im Renitenz-Theater – noch in der Königstraße 17 – kabarettet man sich ins 28. Hausprogramm: *Einer flog über das Grundgesetz*. Am Klavier wie eh und je Hausherr Gerhard Woyda und auf der Bühne ein noch ganz junger, eben erst entdeckter Mathias Richling.

DER FRÖHLICHE FAUST

Claus Peymann

Gretchen zieht sich aus. So steht es bei Goethe. Und so zeigt es Regisseur Claus Peymann. Therese Affolter singt vom König in Thule, entledigt sich ihrer Kleider, wäscht sich züchtig, probiert unschuldig-lüstern den Schmuck auf der nackten Haut und geht zu Bett.

Noch heute, ein Vierteljahrhundert nach den neun Stunden *Faust I und II* im Februar 1977, noch heute rümpfen damalige Zuschauer die Nase über das nackte Gretchen – oder schwärmen immer noch von ihrem anrührenden Charme.

Dieser kasperlbunte Faust wird zum zentralen Ereignis der sinnenfrohen Peymannzeit. Mit ungeheurem Ernst und zugleich mit frecher Unbekümmertheit gehen Claus Peymann (Regie) und Achim Freyer (Bühne) an das bislang so bildungsbesetzte Werk. Hermann Beil (Dramaturgie) und Hansgeorg Koch (Musik) gehören ebenfalls ins enge Team. Ein halbes Jahr lang geht man in Klausur und auf die Proben, trifft sich im Schwarzwaldhaus von Edith Heerdegen und bei Thomas Bernhard in Oberösterreich. Die Strichfassung, die entsteht, ist respektlos, ein Graus für Studienräte, aber hinter all dem steckt ein stringentes Konzept: Faust bricht zu einer Reise auf. Sie führt ihn vom Mittelalter bis in die Neuzeit, von Heinrich Faust zu

> *Wir wollten eine höchst vergnügliche Auseinandersetzung mit der Zeit leisten. Kein Fußnoten-Theater. Der Witz bei Peymanns Klassiker-Aufführungen ist, dass der Text transparent wird, dass die Sprache etwas Reales, Konkretes bekommt. Er akzeptiert ein Komma nur, wenn er es auch versteht.*
>
> Hermann Beil

Henry Ford, sie führt durch die gesamte Kunst- und Theatergeschichte. Freyer spielt mit jedem Mittel, mit Brecht-Gardine und barockem Prunk, mit klassischem Gestus und schwarzem Theater, mit Puppenspiel und Zirkus.

Die Besetzungsliste ist bis heute Peymanns Stolz. Es ist sein komplettes Stuttgart-Ensemble, das noch durch Bochum und Wien und in Teilen bis Berlin halten wird. Mehr noch als Martin Lüttges Faust ist Branko Samarovskis Mephistopheles des Pudels Kern dieser Art, Theater zu spielen: ein widerwilliger Teufel, ein quirliger Clown und subalterner Tölpel, ein nörgelnder Neinsager, ein Märchen-Mephisto, der das lustvolle Scheitern des allerdeutschesten Glückssuchers boshaft und bieder begleitet.

Wie eine Wanderbühne zieht die Truppe zwei schweißtreibende Abende lang durchs Theater, zu wechselnden Spielstätten. Die Akteure sind in den rund 300 Rollen ebenso hart gefordert wie das mitziehende, mitleidende, mitlachende Publikum. Am Ende Bravos und Buhrufe. Am Ende Kritiken quer durch die Republik, im Urteil krass auseinander. Am Ende auch wochenlange Leserbrief-Fehden in der Stuttgarter Presse, »beglückt« die einen, zutiefst verstört die anderen. – Was kann einem Theater Besseres passieren, als dass man derart intensiv über seine Qualitäten streitet!

Rund 100.000 Besucher sahen die jeweils zwei Abende in Stuttgart, beim Theatertreffen in Berlin, bei den Wiener Festwochen und beim Theater der Nationen in Hamburg. Und es wird bis zu Peter Steins Großprojekt (im Juli 2000) dauern, bis wieder einmal die ganze Nation über Goethes und unser aller Faust sich herrlich streitet.

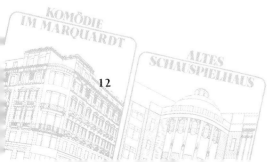

ZAHNERSATZ FÜR TERRORISTEN

Theater kann unterhaltend sein, literarisch, bildend, opulent, es kann Startheater oder Regietheater sein, harmlos oder aufregend, vergnüglich auch. In den späten 70-er Jahren ist es politisch und zwar auf eine hochbrisante Weise. Die »Affaire Peymann«, die mit seiner Vertreibung aus Stuttgart und mit dem Auszug eines großen Teils seines Ensembles enden sollte, beginnt am Schwarzen Brett des Theaters. Schauspieldirektor Claus Peymann erhält – wie viele andere auch – einen Bittbrief von Gudrun Ensslins Mutter. Sie bittet um Geld für eine notwendige Zahnbehandlung ihrer Tochter und anderer politischer Gefangener. Peymann hängt den Brief ans Schwarze Brett und stellt anheim, sich mit einer Spende zu beteiligen. Zum politischen Zündstoff wird der Brief erst Monate später. Inzwischen ist Hanns Martin Schleyer ermordet worden. Echte Angst und geschürte Hysterie bestimmen das Klima der Republik. Die vorwitzige Veröffentlichung des (alten) Aushangs fällt in diese aufgeheizte Stimmung. CDU-Fraktionsvorsitzender Lothar Späth reagiert rigoros: »Der (Peymann) muss weg.«

Peymanns Theater ist den Konservativen ohnehin ein Dorn im Auge. Im Nachspann zu einer Inszenierung der *Gerechten* von Camus (1976) hatte Peymann eine gefilmte Straßenbahnfahrt nach Stammheim gezeigt. Das Schauspiel wollte zudem Ulrike Meinhofs Stück *Bambule* vorstellen. Ein Chile-Abend, ein Biermann-Auftritt, Diskussionen um den Radikalenerlass kamen hinzu. Jetzt fordert Ministerpräsident Hans Filbinger öffentlich die fristlose Entlassung des Schauspieldirektors. Besonnen dagegen reagiert der Stuttgarter Oberbürgermeister Manfred Rommel.

Sein Wort ist eine elegante Ohrfeige für die rechten Saubermänner in seiner Partei. Kultusminister Wilhelm Hahn fügt sich eher zähneknirschend, aber die fristlose Kündigung ist vom Tisch. Peymann erklärt, dass er seinen 1979 auslaufenden Vertrag nicht verlängern will. Vertrieben fühlt er sich dennoch. Rund 30 Schauspielerinnen und Schauspieler verlassen mit ihm die Stadt. Das ist in der Tat eine Solidaritätserklärung und ein politisches Signal gegen die Knebelung der Kunst. Der Kunst? Ja, auch wenn der Anlass nur ein banaler Aushang am Schwarzen Brett war. Denn wie bösartig das Klima in Stuttgart gegen das Theater umschlagen kann, das hatte vor Peymann schon Peter Palitzsch erfahren, und davon wird nach ihm auch Hansgünther Heyme ein garstig Lied singen können.

Grundsätzlich kann jeder für jedermanns Zahnarztrechnung einen Beitrag leisten, ohne damit kundzutun, dass er mit dem, um dessen Zähne es sich handelt, politisch in vollem Umfange übereinstimmt. Das wäre eine so ungewöhnliche, absonderliche, die Grenzen zur Lächerlichkeit überschreitende Form der Solidaritätserklärung, dass ich sie Herrn Peymann nicht zutraue.

Manfred Rommel

*Was heißt Schonfrist!
Da käme ich mir ja vor wie
ein halbtot geschossener Hase.
Wir haben Verträge für fünf
Jahre. In der Zeit werden wir
tun, was wir können und was
die Zeit uns abverlangt.
Ich bin gewohnt, mich daran
messen zu lassen.*
                Hansgünther Heyme

Hansgünther Heyme

DER BLUTIGE THRON

Es klingt wie bei Shakespeare. Ein König wird ermordet, und der Mörder setzt sich auf seinen Thron. Siehe *Hamlet*. In Stuttgart geht die Legende anders. Der blutige Thron, das sei Peymanns Regiestuhl, auf dem diesen Filbingers Schlag traf. Und nie, nie – sagen alle diejenigen, die Peymanns Nachfolger Hansgünther Heyme nicht leiden können – nie hätte Heyme diesen Thron besteigen dürfen.

An der Stuttgarter Legende ist alles schief. Erstens ist Peymann nicht tot, zweitens ist Heyme nicht sein Mörder und drittens: was wäre die Alternative gewesen? Den Posten des Schauspieldirektors nie wieder zu besetzen? Den Thron leer zu lassen? 200 Jahre lang kein Theater mehr zu spielen wie die Stockholmer, als man ihren König Gustav III. im Theater erschossen hatte – siehe Verdis *Maskenball*?

Heyme kam, sah und siegte durchaus nicht. Schonfrist aber wollte er nicht.

Mit einer »schönen, produktiven Lockerheit« (Selbsteinschätzung) geht Heymes Mannschaft im September 1979 auf die Suche nach dem »Stuttgarter Punkt«. Was das sein soll, wird nie recht klar. Ein Fehlstart wird es de facto. Heyme trumpft mit Schillers *Don Carlos* auf. Sein Mut ehrt ihn, aber es wird ein konfuser Bilderbogen um einen Infanten mit seinem Vogel, der wohl die getötete und ausgestopfte Freiheit meint. Jahre später wird Heyme es noch einmal mit Schiller versuchen und siegen: Sein *Tell* gehört zu den bleibenden Bildern in Stuttgart. Zunächst aber verscherzt sich Heyme fast alle Sympathien: Die unsägliche Weltuntergangsklamotte *Section Nine* führt in bislang unbekannte Seichtigkeiten. Und schon herrscht Krieg in Stuttgart: zwischen Heyme und den Kritikern, Zuschauern und Leserbriefschreibern. Der aus Köln importierte Medien-*Hamlet* von Wolf Vostell ist Öl ins Feuer, und Langweiler von Schnitzler (*Komödie der Verführung*) oder Hamsun (*Vom Teufel geholt*) oder Halbe (*Der Strom*) folgen. Das beste Stück, das neben der Bühne läuft, könnte »Heyme im Gespräch« heißen. In diesem Sattel ist Heyme sicher: als wortgewandter Erklärer seiner eigenen Inszenierungen. Da hören ihm alle gern zu, wie sie hätten gucken, was sie hätten sehen und verstehen sollen: was die vielen Fernsehapparate auf der

Bühne mit Hamlet zu tun haben oder was er sich bei einem kopfunter ausblutenden Pferd gedacht habe. Verhindern kann er damit allerdings nicht, dass sich Fahrgemeinschaften bilden, die der Peymann-Truppe nach Bochum nachreisen und sich Branko Samarovski als *Tasso* oder Therese Affolter als *Johanna der Schlachthöfe* ansehen wollen. Und die Dene und den Voss und die Brunner und den Sattmann ...

Stuttgarter Hetz. Aber es wird langsam besser. Zwar bleiben Zuschauer weg, aber es kommen andere. Wie immer. Auch Peymann war umstritten. Und vor ihm Palitzsch. Der Streit geht jetzt nur auf niedrigerem Niveau. Oder um es mit einem Kritiker zu sagen: »Noch nie ist über so wenig Theater so viel diskutiert worden.«

Trotz guter Aufführungen, die unter Heyme immer wieder gelingen: Das Klima ist am Ende vergiftet. Feindschaft herrscht zwischen großen Teilen der Stuttgarter Zeitungskritik und dem Schauspiel. Bei der Kulturpolitik fehlt ihm der Rückhalt. Er bereitet selber seinen Rückzug mit einem Ultimatum vor: Heyme will bis Mitte Dezember 1981 ein verbindliches Angebot zur Verlängerung seines Vertrages oder er steht nicht mehr zur Verfügung. In diesem Pokerspiel jedoch hat er kein gutes Blatt mehr.

Heyme, einer der wenigen konsequent politischen Regisseure, setzt eine »Friedensoffensive im Theater« in Szene, er hat entschiedenen Erfolg mit dem Antiatom-Stück *In der Sache J. Robert Oppenheimer*. Und heiter bis lustig darf es auch noch werden: Friederike Roths *Ritt auf die Wartburg* oder *Kiss me Kate*, ein Musical von Heyme inszeniert, stehen dafür. Eine dubiose Ankündigung macht noch einmal Furore: *Der Lieblingsnazi*, ein Stück über den Generalfeldmarschall Rommel – es bleibt dem Missvergnügen der Zuschauer gottlob erspart.

Die Lorbeeren, die Heyme in Stuttgart versagt werden, erntet er in Berlin: Mit Schillers *Demetrius*-Fragment, mit *Troilus und Cressida* und *Klytaimestra* von Jochen Berg.

Schande und Ärgernis interessieren mich nicht. Uns sollte Demokratie interessieren. Diese gab's hier nicht, sondern eine landesherrliche Entscheidung fiel in Tennisclubs und auf Silvesterpartys. Und ohne Kenntnis der Sache. Herr Gönnenwein war nie in meinem Theater, was ihn selbstverständlich nicht hindert, es schlecht zu finden. Ich habe noch zweieinhalb Jahre. Mit Lust bauen wir also weiter am Ärgernis, das der Grund der Nichtverlängerung war.

Hansgünther Heyme

DIE OHRFEIGE

Die schlagkräftigsten Dramen spielen sich gern in der Kantine ab. Etwa das ungeprobte Zwei-Personen-Stück *Die Ohrfeige*. Wir befinden uns am Ende von Hansgünther Heymes erster wahrlich nicht ruhmreicher Spielzeit. Nerven liegen blank. Die Theaterleute laufen mit rot unterlaufenen Augen herum.

Da wagt sich der Tübinger Kritiker Christoph Müller in die gut besuchte Kantine der Württembergischen Staatstheater. Müller schreibt besonders agressiv zur Zeit. Er kann sich jede Länge leisten, denn ihm gehört die Zeitung, in der er berichtet. Außerdem hat er im Magazin *Der Spiegel* recht abfällig über die inszenatorischen und mimischen Begabungen im Staatsschauspiel geschrieben.

Das verbale Vorspiel leitet der Schauspieldirektor selber ein: »Was, Sie trauen sich noch hierher, schämen Sie sich denn gar nicht?« Ein bekräftigendes »Sie Arschloch!« wird nur durch den Tübinger Intendanten Pierwoß belegt. Noch hätte der Kritiker Müller Zeit zu fliehen. Er versäumt die Chance. Pflichtbewusst wie Gary Cooper in *High noon* hält er stand. Zwei Tische weiter sitzt der baumlange Schauspieler Jürg Löw mit Kollegen. Löw steht auf. Geht auf Müller zu. Keiner ahnt etwas, am wenigsten Müller. Löw spricht formvollendet Text: »Mein Name ist Jürg Löw. Ich bin der Sprecher des Ensembles. Für all den Scheißdreck, den Sie über uns geschrieben haben – « Löw holt aus, es klatscht, au Backe!

Ende der Vorstellung. Der Löw hatte seine Schuldigkeit getan. Der Müller konnte gehen. Sprachlos. Rotwangig.

Die Sprache findet Müller erst am nächsten Tag wieder. In seiner Zeitung. Was den Stuttgarter Blättern nur eine einspaltige Glosse wert ist, breitet Müller in der Südwestpresse genüsslich vierspaltig aus, reiht sich ein ins Walhall der geohrfeigten Kritiker von Bad Hersfeld bis Wien. Ein Adelsschlag. Die Wange leuchtet. Der Schauspieler entschuldigt sich. Der Kritiker verzichtet strahlend auf Rechtsmittel.

Verbürgt sind auch die lautstarken Einlassungen jenes »Zwischenrufers Müller«. Das war ein empörter Störenfried (nicht verwandt oder verschwägert mit jenem Kritiker M.), der durch seine Kommentare aus dem Parkett manche Aufführung irritiert oder an den Rand des Abbruchs gebracht hat. Einmal wurde er dafür von der Frau eines Schauspielers mehrmals durchs Foyer gejagt und mit ihrer geschwungenen Handtasche bedroht. Getroffen hat sie ihn nicht.

DURCH FEUER UND WASSER

Der Spielplan des Theaters der Altstadt zeigt in unserm Jahr Null, also 1976, wie bald die Welt untergeht, weil sie in die Hand einer irren Irrenärztin gefallen ist (Dürrenmatt, *Die Physiker*). Aber der Weltuntergang ist eine Wiederaufnahme, er fand auch in der vorigen Spielzeit schon erfolgreich statt. Neu im Spielplan ist Kafkas gelehrter Affenblick in den Menschenzoo (*Bericht für eine Akademie*). Und für die Jugend spielt man *Schule*, aber um diese verdaulich zu machen »mit Clowns«. Die Älteren ergötzen sich an *Genoveva oder Die weiße Hirschkuh*. Die unfreiwillig komische Autorin Julie Schrader ist vielleicht von ihrem Neffen bloß erfunden, was aber der holden Romanze des welfischen Schwans keinen Abbruch tut.

Elisabeth Justin und Klaus Heydenreich

Das Theater der Altstadt ist eins der kleinen Bühnenjuwele der Stadt. Und selber Held und Opfer allerdramatischster Ereignisse. Entstanden in der Nachkriegs-Gründerzeit 1958, eine Holzbaracke in der Brennerstraße, geleitet von dem Intendanten- und Schauspielerpaar Klaus Heydenreich und Elisabeth Justin. Das neue Theater will »Werke junger Autoren zur Diskussion stellen, will Experiment, Avantgardismus und Wagnis. Es will jedoch auch dem Publikum gerecht werden, das ans Theater vor allem den durchaus legitimen Anspruch guter Unterhaltung stellt« (Stuttgarter Zeitung).

Und so spielt die kleine Truppe Jean Cocteau und Agatha Christie, Gide und Genet, Ionesco und Lorca, Arrabal und Dürrenmatt. Junge Autoren wie Günther Herburger werden uraufgeführt. Mit untrüglichem Spürsinn für Zeitgemäßes spielen die Heydenreichs Autoren wie Bauer, Beckett, Britten, Dorst, Grass, Hacks, Hildesheimer, Kohout, Pinter, Plenzdorf, Valle-Inclan, Walser und Weiss zum ersten Mal in Stuttgart!

1969 brennt das Theater ab. Nur 36 Stunden später wird im Griechischen Zentrum wieder gespielt: *Magic Afternoon*. 1970 zieht das Theater der Altstadt in die neue Spielstätte unterm Charlottenplatz. 1974 setzt ein Unwetter die tiefliegenden Räume unter Wasser und vernichtet den Fundus des Theaters völlig.

Das Theater bietet mehr als Aufführungen. Es gibt Dichterlesungen, Puppenspiele, eine Talkshow, auch Kunstauktionen zu Gunsten von Strafgefangenen, Gemäldeausstel-

Damals ging Ihre Kunst nach Brot. Sie begannen abgebrannt, später brannte die Baracke ab, aber Sie gaben das Theater, sich und uns nicht auf. Jetzt hausen Sie im behaglichen Untergrund und sind eine Stuttgarter kulturelle Institution geworden. Sie haben dazu beigetragen, dass in der Bücherstadt Stuttgart Thalia nicht als hergeloffene Schlampe gilt. Sie haben die besten Voraussetzungen für die Erkenntnis geschaffen, dass der Stuttgarter Mensch nicht vom Bosch allein lebt, und dass der gute Stern nicht auf die Straße zu gehen braucht.

Thaddäus Troll

Susanne Heydenreich

Schauspielertheater und moderne Klassiker. Jeder im Ensemble soll wenigstens einmal in der Spielzeit eine Rolle haben, bei der er sich sagt: Dafür hat es sich gelohnt, beim Theater zu sein. Und moderne Klassiker – damit haben meine Eltern hier angefangen, und ich denke, der Weg führt wieder dahin zurück.
Susanne Heydenreich

lungen. Nicht immer lässt sich der innovative Schwung der Anfangsjahre durchhalten, im Spielplan tun sich müde Stellen auf, »Sternchen-Themen« werden gespielt, da kommen halt die Schulklassen.

Dann, Anfang der 90-er Jahre, flammt die elende Spardiskussion auf, und alle Politiker überbieten sich im Vorweisen leerer Hosentaschen. Das Theaterkonzept der Stadt, ihr Umgang mit den Privattheatern ist von peinlicher Planlosigkeit. Es erzeugt sträflich jahrelange Existenzängste. Die alternden Prinzipale sind der andauernden Drohung mit dem Damokles-Schwert nicht mehr richtig gewachsen, die nächste Generation, Susanne Heydenreich noch nicht zur Stelle.

1990 stirbt Klaus Heydenreich, seine Frau führt die Bühne weiter. Sechs Jahre später – längst ist das Altstadttheater vom Charlottenplatz in den Westen umgesiedelt – wird Susanne Heydenreich zur Nachfolgerin gewählt. Die Intendanz bleibt in der Familie. Und ihr Konzept? Schauspieltheater und moderne Klassiker.

Nur dass die Klassiker inzwischen etwas jünger geworden sind. Sie heißen jetzt Axter und Keun oder Marber und Mitterer. Und wenn sich die Truppe mit gerade mal sechs Schauspielern einen ganz alten Klassiker vornimmt, den *Faust, der Tragödie erster Teil*, jubeln Publikum und Presse: »... ein grandioser Kinderspielplatz für Erwachsene ... ein Triumph für eine kleine Bühne, die sich ans große Stück wagt.«

MIT SCHWERTERN UND WORTEN

Ein Wald. Ein Räuber versperrt einem Samurai und seiner Frau den Weg. Mit dem Schwert erschlägt der Räuber den Krieger und nimmt mit Gewalt die Frau. Vor einem Richter erzählen die Lebenden und der Tote ihre Versionen der Wahrheit.

Mit diesem Stück *Im Dickicht* des Japaner Akutagawa stellt sich 1975 ein neues Theater in Stuttgart vor. Und der Schwertkampf steht Pate, das ist kein Zufall. Michael Koerber, der Gründer, zuvor Oberspielleiter an einem Stadttheater, ist durch Aikido und fernöstliche Ernährung zu einer neuen Körperlichkeit gekommen. Die setzt er gemeinsam mit seiner Frau Edith für einen neuen elementaren Theaterstil ein. Das kleine Ensemble übt ausdauernd das Atmen und Anziehen, das Hinhocken und Schreiten. Licht, Musik und Zeit werden wichtig. Jede Bewegung und jede Stille dient dem Wort. Für 1300 Mark Einheitsgage (1980) wird von allen viel verlangt.

Nach dem Start in der Gymnasiumstraße bezieht die tribühne 1979 die Spielstätte im Tagblatt-Turm und teilt sich mit der benachbarten Marionettenbühne Garderobe, Kasse und Foyer.

Der tragische Unfalltod Michael Koerbers bei einer Probe (1982) scheint das ganze Theaterexperiment zu beenden. Doch Edith Koerber führt das Theater mit eisernem Willen und viel Geschick weiter. Spielplan und Spielweise bleiben originell und stets auf hohem artistischen Niveau. Mit atemraubender Körpersprache spielen sie Commedia dell'arte, Antikes (*Medea*), Shakespeare und Russisches. Nicht nur Tschechow, sondern auch Ostrowski (*Der Wald, Das Gewitter*). Als Dauerrenner erweist sich Brechts *Der gute Mensch von Sezuan* mit über 250 Vorstellungen. Durch den Dramaturgen Géza Révay öffnet sich das Stuttgarter Theater dem ungarischen Katona József in Budapest. Ein reger Austausch beginnt. Regisseure wie Gábor Zsámbéki und Gábor Székely inszenieren regelmäßig in Stuttgart. Der ungarische Filmregisseur István Szabo bringt einen seiner Erfolgsfilme über zwei Lehrerinnen der Wendezeit hier im Theater zur Uraufführung: *Emma*

Edith Koerber

> Ich stelle mich nicht auf die Bühne und will die Welt verändern. Ich, wir fangen bei uns an. Im Ensemble sind alle gleichberechtigt. Wir machen dem Publikum nichts vor. Wir leben so, wie wir Theater spielen.
>
> Edith Koerber

und *Böbe*. Der Bühnenbildner Csörsz Khell wird zum gefeierten Hausausstatter. Die tri-bühne bietet regelmäßig Theaterfahrten nach Budapest an. Und als hätte die tri-bühne-Truppe noch nicht genug zu tun, erfindet sie 1993 das SETT, das Stuttgarter Europa Theater Treffen. Wieder sind ungarische Bühnen die Keimzelle, aber rasch weitet sich das Spektrum zu anderen östlichen und westlichen Ländern aus. Man kann Themen erkennen wie die Wende im Ostblock, Entfremdung oder zuletzt (2000) der Blick auf das neue russische Theater. Da weht Weltluft für drei Wochen in Stuttgart.

Die kleine tri-bühne macht und ermöglicht bedeutendes Theater, das sich vor den staatlichen Großbetrieben nicht verstecken muss.

WEM SONST ALS DIR

Nachts im Zoo. Ein Wanderer hastet durch ein Freigehege. Ziegen laufen ihm nach, springen an ihm hoch, lecken Salz. Schuberts *Winterreise* weht durch Fliederblüten. Aus dem Schlaf geschreckte Tiere fallen wie aufs Stichwort ein: ein Seehund prustet zu *Hyperion*, Papageien schrillen durch Urwald-Utopien. Orientalisch wallende Damen zitieren Platon oder Diotima. Eine Ballerina übt unter Kastanien. Das alte maurische Theater, eine Ruine, hat feuchte Kellerräume, die nach Folter riechen, ein Mädchen zündet Totenkerzen an.

Ort des surrealen Hölderlin-Szenarios sind die Wilhelma und das zu Zoo und Botanischem Garten gehörende Theater. Hölderlins verzweifelter Frage *Wem sonst als dir?* ist ein Raum erschlossen worden, der so noch nie bespielt wurde. Der Regisseur Johannes Klett, die Schriftstellerin Friederike Roth und der Maler Hans Laun haben dieses poetische Reisetheater in Szene gesetzt, und das Publikum folgt den bewegten Bildern durch Botanik und Bauschutt.

Wer weiß, ob ohne diese Tat im Mai 1981 das alte Wilhelma-Theater, das kurz vor dem endgültigen Abbruch stand, nicht längst verschwunden wäre! König Wilhelm I. hatte es 1838-40 errichten lassen. Er wollte partout keine Spielbank an dieser Stelle. Ein königliches Hoftheater entstand, in einem äußerst farbenfrohen Klassizismus entworfen vom Breslauer Architekten Ludwig von Zanth. 110.000 Gulden hatte der König aus seiner

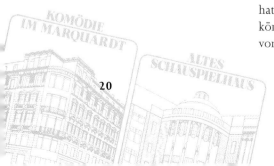

Privatschatulle hineingesteckt, aber das Publikum verweigerte sich. Zu abgelegen. Schon sieben Jahre nach der Eröffnung fand die letzte öffentliche Vorstellung statt. Danach amüsierte sich der König allein mit dem Hof. Und dann setzte der Verfall ein. Kurze Wiederbelebungsphasen blieben lange folgenlos. Bis mit Späth, 1984, doch noch ein Prinz kam und das wunderliche Theater aus seinem Zauberschlaf küsste. Ohne den Förderverein Alt-Stuttgart und den Ministerpräsidenten Lothar Späth ginge heute die B 10 über die Stelle des ältesten und vielleicht schönsten Theaters von Stuttgart.

Späth wandelt sich. Aus dem Peymann-Hasser wird ein liberaler Kulturpolitiker. Nicht immer uneigennützig, versteht sich. Späth weiß, dass man in China bessere Geschäfte macht, wenn man das Ballett mitbringt. Und er weiß, dass so ein historisches Theater nicht nur den Cannstattern lieb, sondern ganz Stuttgart und vor allem der Schauspiel- und der Opernschule viel wert sein wird. Teuer auch: das Land investiert 20 Millionen Mark. Der Oberbürgermeister freut sich diebisch, dass der Bau die Stadt »nix koscht het«. Jetzt zeigen die Schauspiel- und Opernschüler in diesem Juwel von Theater, was sie in drei Jahren gelernt haben. Und wer junge, hochbegabte Talente und Stimmen, pfiffige Ideen und Konzepte, kurz: unverbrauchtes, spannendes, unterhaltendes Musik- und Sprechtheater erleben will, der geht ins »Wilhelma«.

EIN LOBGESANG AUF DAS LEBEN

Soeben hat Aurélie, genannt die *Irre von Chaillot*, das ganze erdölgierige Spekulantenpack im Pariser Untergrund für immer verschwinden lassen, da wirft die fabelhafte Antonia Linder in der Titelrolle ihre Federboa triumphierend um den Hals und feiert den märchenhaften Sieg der Liebe und der kleinen Leute mit einer gewaltigen Kissenschlacht. Ein Lobgesang auf das Leben. Die Zuschauer gehen mit einem glücklichen Lächeln heim.

So ein Spielzeitbeginn ist typisch Elert Bode. Wann gab es diese Irre, diesen Giraudoux je zu sehen in Stuttgart oder auch im Land? Und dann so hochkarätig besetzt! Ja, ich weiß: 1951 an gleicher Stelle mit der großen Hermine Körner als Titelheldin, aber das ist längst Theatergeschichte.

Als ich das Alte Schauspielhaus 1984 übernommen habe, wurden anfangs manchmal nur 30 Karten verkauft, einmal sogar nur 13. Und jeden Tag riefen die Redaktionen an, ob wir gespielt haben. Wenn wir einmal geschlossen hätten, ich glaube, das hätten wir nicht überlebt.

Elert Bode

Kein Mensch hatte eine Idee. Es hing alles in der Luft, was nach dem Gastspieljahr des Staatsschauspiels in der Kleinen Königstraße passieren könnte. Dann habe ich entwickelt: Schließt doch die Komödie im Marquardt mit diesem Haus zusammen. Ein Fundus, eine Verwaltung – ein Intendant.
Elert Bode

Nach jahrelanger Beobachtung der Kollegen im Staatstheater war klar, dass wir in dieser Stadt die konservative Position besetzen mussten. Damit wurde der Spieß umgedreht.
Das Haus ist ja einmal von wachen Stuttgarter Bürgern gegründet worden als Gegenpol zum verzopften, konservativen Hoftheater. Jetzt war seit längerem eine andere Klientel in Stuttgart heimatlos.
Elert Bode

Seit November 1984 bespielt der Intendant der Komödie im Marquardt auch das Alte Schauspielhaus. Und Jahr für Jahr trifft er mit traumwandlerischer Sicherheit immer wieder ins Schwarze lohnender Wiederentdeckungen. Die zu Unrecht vergessenen Franzosen gehören dazu: Neben Giraudoux vor allem Jean Anouilh in Stuttgarter oder gar deutschen Erstaufführungen: *Der Nabel, La Culotte oder Die befreiten Frauen, Der Walzer des Toreros, Jeanne oder Die Lerche, General Quixotte.* Bode pflegt Frisch und Dürrenmatt, zeigt wie theatergerecht Shaw noch immer sein kann, spielt Arthur Miller, Thornton Wilder und Woody Allen. Hat immer wieder auch prominente Namen wie Will Quadflieg als Geheimrat Clausen in Hauptmanns *Vor Sonnenuntergang* oder Charles Regnier als Maske in Sternheims *1913*. Mit dieser ätzend bösen Komödie begann es – und es war zum Verzweifeln. Nicht Stück und Spiel, wohl aber die Akzeptanz. Die Stuttgarter kamen nicht. Regnier spielte nach der Premiere vor fast leerem Haus. Er bot sogar an, auf seine Gage zu verzichten, was Bode selbstverständlich nicht annehmen konnte.

Wie kam es dazu? Ein geschlossenes Theater ist ein totes Theater. Das Theater in der Kleinen Königstraße, ein Jugendstil-Kleinod im Herzen Stuttgarts, war 1962 in den Dornröschenschlaf versenkt worden. Vergessen, verkehrsberuhigt im toten Winkel. Nicht einmal Taxi-Fahrer kannten es noch. Vorbei die große Zeit, die mit einer Grete Lorma 1909 begonnen hatte und die am Ende geprägt wurde von Paul Hoffmann und einem legendären Ensemble mit Edith Heerdegen, Mila Kopp und Karin Schlemmer, Theodor Loos, Hans Mahnke, Max Mairich, Erich Ponto und Heinz Reincke. 1962 löst nach seinem Wiederaufbau das Kleine Haus der Staatstheater das Alte Schauspielhaus ab. 1983 aber muss das Große Haus der Staatstheater geschlossen werden. Der Littmann-Bau wird gleichzeitig bühnentechnisch modernisiert und (nach unschönen Nachkriegsreparaturen) ästhetisch wieder in den alten Jugendstil zurückverwandelt. Die Oper weicht ins Kleine Haus aus, das Schauspiel zieht von dort ins Alte Schauspielhaus.

1983 spielt also Heymes Truppe dort – und danach? Da gab es abenteuerliche Vorschläge. Holt Peymann zurück und gebt ihm das Theater! Macht ein Kinder- und Jugendtheater daraus! Und Ähnliches mehr.

Es ist der weitsichtige Hans Peter Doll, der sich um das Erwachen des renovierten Hauses kümmert und Bodes Konzept unterstützt. Das wird zwar in der lokalen Presse kräftig zerpflückt, doch der Gemeinderat stimmt im Juli 1983 zu. Und im Herbst 1984 beginnt die erste Spielzeit des neuen Alten Schauspielhauses. Und was spielt Bode? Er findet und besetzt eine konservative Nische.

Für die Unzufriedenen, Nicht-mehr-Theatergänger plant Bode, und sein Konzept geht schon nach einem ersten harten Jahr auf. Bis zum Sommer 2002 kommen 127 Produktionen heraus, und fast die Hälfte davon sind Stuttgarter Erstaufführungen. 1,74 Millionen Zuschauer sehen in dieser Zeit 4500 Vorstellungen. Gängiges mischt sich mit Ungewohntem. Auf *Minna von Barnhelm* folgt Glowackis *Antigone in New York*. Das Problemstück *Ein Tag im Sterben des Joe Egg* von Peter Nichols wird aufgefangen von Shakespeares *Die lustigen Weiber von Windsor*.

Gespielt wird nicht Repertoire, sondern en suite – wie in der Komödie auch – ein Stück sechs Wochen. Dann kommt die nächste Produktion, sieben in jeder Spielzeit. Die Schauspieler haben Stückverträge. Trotzdem achtet Bode auf Kontinuität und bindet seine Spieler immer wieder in beiden Häusern ein. Spielplan und Struktur bleiben in all den Jahren gleich.

Es fehlt nicht an guten (und dummen) Ratschlägen, wie man alles anders und besser machen könnte. Aber Bode zieht sein Konzept durch. Entweder es klappt oder er scheitert. Er behält Recht: es klappt.

Heute ist das Alte Schauspielhaus fest im Bewusstsein der Bürger verankert. Nur eins stimmt bedenklich: Die bildungsbürgerlichen Besucher sind treu, aber sie altern. Wir haben, sagt Bode, 13.000 Abonnenten in beiden Häusern gehabt, wir haben noch 12.300. Das ist immer noch viel, aber, wie in anderen Theatern auch, das Haus verliert – wenn auch von einem hohen Niveau.

Es wird unter anderem eine der Aufgaben des Nachfolgers, Carl Philip von Maldeghem, sein, darüber nachzudenken.

Mir war immer klar: Es geht nur so, wie ich Sturkopf mir das ausgedacht habe.
  Elert Bode

In diesen wirtschaftlich so schwierigen Jahren scheint nun die Stunde der heimlichen Kulturfeinde gekommen zu sein. Sind dies nicht diejenigen, die die lebendige Auseinandersetzung, die Kunst immer anstoßen möchte, fürchten? Ist die zunehmende Kunstfeindlichkeit vielleicht als eine Art Rache zu sehen, die sich unter der Legitimation des objektiven Sparzwangs nun endlich Geltung verschaffen darf?
Regula Gerber

RISIKO IM RAMPENLICHT

Ein Professor hat sie hergelockt. Regula Gerber, geboren in Bern, gelernte Schauspielerin, engagiert schon in Karlsruhe und Zürich, beginnt noch einmal zu studieren: Germanistik und Philosophie. In Berlin. Doch der »Theaterprofessor« Volker Klotz sitzt in Stuttgart. Also kommt sie hierher, wo sie schon einmal die Schauspielschule besucht hat. Regula Gerber möchte Regie führen, möchte ein Theater haben. Also geht sie an die Universität und gründet eins, gemeinsam mit dem Schauspieler Alexander Seer: Die Rampe entsteht, 1984 – und Lessing ist ihr erster Pate, *Emilia Galotti*. Oder war es doch *Chicago spielen* oder *Krankheit der Jugend* von Ferdinand Bruckner? An Ideen für eigenwillige Stücke und Produktionen hat es Regula Gerber nie gemangelt.

Man spielt in der Breitscheidstraße im Stuttgarter Westen, aber nicht sehr lange, dann ist das Ensemble heimatlos. Ein Dutzend Leute als fester Stamm, der sich bald von den studentischen Anfängen löst. Im Sommer 1989 spielt man in den Räumen des Theaters im Westen – Kroetz, *Nicht Fisch nicht Fleisch* – und genau das ist auch die Situation der unbehausten Truppe. Schon da träumt Regula Gerber von der Talstation der Zacke. Dann ist – oh welche Namensgleichheit! – die Gerberstraße im Gespräch, aber der Plan platzt – der Stadt zu teuer.

Regula Gerber

Im Mai 1992 endlich kann Gerber aufatmen: »Es gibt uns wieder!« Nach fast vier Jahren des Wartens erweist sich die Stuttgarter Straßenbahn (SSB) als wahrer Kunstförderer und verwandelt für 1,8 Millionen Mark einen Teil des schönen alten Zahnradbahnhofs in ein verwandlungsfähiges Theater mit bis zu 160 Sitzplätzen. Mit sieben Schauspielern/innen, Dramaturg, Verwalter, Sekretärin, Schreiner, Beleuchter und – Intendantin – geht man in die kurze Spielzeit. *Theater, o Theater* du heißt die erste Revue. Und fällt durch. Mit Problemstücken allein, weiß Regula Gerber, kann sie das Haus jedoch nicht füllen. Man spielt *Der tropische Baum*, einen japanischen Fiebertraum, oder von Boris Vian *Die Reichsgründer* oder *Das Schmürz*. Langsam baut die Rampe ihren Ruf aus.

Entdeckungen wie Theresia Walser macht die Rampe. Oder Susanne Schneider, Werner Buhss, Eugen Ruge. Das New Yorker Living Theatre gastiert, die polnische Avantgarde kommt (Actors of Cricot 2), Gäste wie Otto Sander, Heinz und David Bennent – und eine Dame bietet gar ihre Gebärmutter als Guckkastenbühne feil. Anstoßend oder abstoßend?

Doch um ein Haar hätte alles Renommee nichts genutzt: Als klar wird, dass Regula Gerber 1998 als Intendantin nach Bielefeld gehen wird, beginnt wieder eine leidige Diskussion um das Ende der Rampe. Peter Galka vom Kinder- und Jugendtheater im Zentrum zeigt Übernahme-Begehrlichkeit. Die Stadt möchte Regula Gerber mit dem Angebot einer Bode-Nachfolge am Alten Schauspielhaus halten.

Es kommt anders. Aus Wien gewinnt die Stadt das Intendantenpaar Eva Hosemann und Stephan Bruckmeier. Sie machen Theater anders und doch in Ziel und Qualität ähnlich wie Gerber. Mit Ernst Jandls *Aus der Fremde* legen sie ihre Messlatte auf. Mit jungen Autoren springen sie auf Risiko: Felicia Zeller (*immer einen hund gehabt*), Klaus Chatten (*Sugar Dollies*), Dominik Glaubitz (*Kurt*), Anselm Glück (*Eiserne Mimosen*), Sibylle Berg (*Ein paar Leute suchen das Glück und lachen sich tot*), Lutz Hübner (*Gretchen 89 ff.*, *Das Herz eines Boxers*), Thea Dorn (*Marleni*), Lilly Axter (*Gift*) ... die Reihe lässt sich fortsetzen; die laufende Spielzeit der Rampe besteht fast nur aus Uraufführungen. Und die Gäste mit großen Namen kommen nach wie vor.

Die Rampe ist als professionelle Off-Bühne bundesweit eine erste Adresse geblieben. Zu Recht im Rampenlicht.

Eva Hosemann und Stephan Bruckmeier

Wir sind eine Galerie und kein Museum. Bei uns ist das Experiment nicht ein Teil, sondern das Ganze.
    Stephan Bruckmeier

Wir fühlen uns der Gegenwart verpflichtet. Wer sind wir und was haben wir über die Welt auszusagen?
    Regula Gerber

DIE ROTEN HOSEN VON WANGEN

Man erkennt ihn leicht an seinen roten Hosen: Werner Schretzmeier, alternativer Theatermacher. Als die 68-er Furore machen, ist er, langhaarig, nickelbebrillt mittendrin. Dreht einen Beatfilm *p zwo* für den Süddeutschen Rundfunk und findet darin fast alles gut, was mit P beginnt, also Pop und Protest, Porno auch, Polizisten nur, wenn er sie nackt durch den Film laufen lassen kann (er durfte nicht: Badehosen mussten sein).

Dieser Werner Schretzmeier betreibt in Schorndorf einen Club »Manufaktur«, ein Vorspiel noch zum Theaterhaus in Wangen. Diesen Traum einer alternativen Kulturfabrik kriegt er im April 1985 erfüllt. Plötzlich herrscht Schretzmeier über 3000 Quadratmeter Alt-Industriegelände, das er flugs in ein poppiges Protest-Produkt verwandelt: mit Zirkusweibern aus Paris, Blasmusik aus San Francisco, Puppenspielen aus Shanghai. Es wird auch Theater gespielt: Scherbentheater. Oder *Die Liebe ist ein Fluss in Preußen*. Und der Renner der Berliner Roten Grütze *Was heißt hier Liebe?* (über 650 Vorstellungen in zehn Jahren!) Ein aufmüpfiger Autor wie Dario Fo (*Bezahlt wird nicht*) ist wie geschaffen fürs Theaterhaus. *Dirty Dishes* kommt 1999 auf die 250. Vorstellung. Kabarett wie die *Kleine Tierschau* hat hier angefangen und bringt dem Theaterhaus volle Kassen.

Werner Schretzmeier

Wir sind hier finanziell Dritte Welt.
   Werner Schretzmeier

Volle Kassen? – Das gab's natürlich nie. Schlitzohr Schretzmeier hat jederzeit vorrechnen können, wie preiswert er alles machen würde, wenn er's nur kriegte – um dann umso effektvoller über totale Unterfinanzierung zu jammern. Der Kommunikationsprofessor Kurt Weidemann reimte sich das so zusammen: *Nie sah man seinen Mut verwelken*
Die Stadt in stiller Wut zu melken.

Das Wort »still« wäre anfechtbar. Im September 1991 wirft Schretzmeier den Bettel hin und kündigt. Schriftlich. Krach mit dem Theaterhausverein. Differenzen in der Finanzierung des *Jazz-Gipfels*. Autoritärer Führungsstil. Vorwürfe hin und her.

Schretzmeier bleibt. Was geht ihn seine saudumme Kündigung von gestern an! Schließlich gibt es weiter viel zu tun. Musik spielt in Wangen. Wolfgang Dauner. Jazz und Pop.

Hannes Wader, der alte Barde, singt. Hanns Dieter Hüsch, der Poet unter den Kabarettisten, hat hier seine Heimat (wenn er nicht gerade bei Gerhard Woyda gastiert). Der Journalist Klaus B. Harms lädt zu Küchen-Gesprächen. Ismael Ivo tanzt mit Marcia Haydée.

Natürlich hat Wendelin Niedlich hier seinen Büchertisch. Um elf Uhr abends gibt es die Zeitungen von morgen. Und »an der angeblich längsten Theke Baden-Württembergs stehen die alten Linken und die neuen Reichen, die Kulturbeflissenen, die Alternativen und die stadtbekannten Schluckspechte« (DIE ZEIT, 1986).

Im Oktober 1998 titeln die *Stuttgarter Nachrichten*: »Ein Mann will nach oben.« Werner Schretzmeiers Theaterhaus soll auf den Pragsattel. In Wangen steht ein wunderschönes Modell, das die alten Rheinstahlhallen so zeigt, wie sie werden sollen: ein Kulturgelände, das Theater und Sport unter einem Dach vereinigt.

Konzerte mit 7000 Besuchern sollen dort möglich sein. Handballturniere auch. Kosten zu nennen, ist ziemlich sinnlos, das ändert sich ständig. Natürlich nach oben. Noch im Februar 2002 führen Mehrkosten von drei Millionen Euro beinahe zum Baustopp. Ende März: Aufatmen. Weiterbauen. Frühjahr 2003 soll alles fertig sein.

Der ungeduldige Schretzmeier aber will die Musik schon Ende des Jahres 2002 spielen lasssen.

Und vielleicht wird es ein Tanz: mit Marcia Haydée und Ismael Ivo.

Eine wunderbare Geschichte, wenn sich Menschen, schwitzend, gerade geduscht oder auch nicht, begegnen mit andern, die etwas für die Seele tun wollen.
Werner Schretzmeier

IM WESTEN WAS NEUES

Rolf Siemsen hatte einen Traum, der spielte am Feuersee. Dort, in einem alten Kino, Theater zu machen, Botschaften an einen Stadtteil zu vermitteln, klein aber fein. 1976 schien der Traum wirklich zu werden. Der Schauspieler Rolf Siemsen gründete sein Theater im Westen als private Bühne und ein paar sehr engagierte Leute zogen auf gleicher Welle mit.

Da auch Träume Geld kosten, geriet das Theater schon bald in die Schieflage. Man warf Rettungsringe: ein Bezirksvorsteher, ein Banker und ein Nachbar, der Chef des Klett-Cotta-Verlages – alle wollten helfen. Die Presse erwärmte sich: »Zwar produziert das

> *Ich weiß, dass ich ein kritisches, sinnliches, vor allem ein lustvolles Theater machen will und auf keinen Fall ein Zeigefinger-Theater. Ich will frech sein und Widersprüche herausstellen, außerdem sollen die Leute im Westen in die Arbeit einbezogen werden, ich will sie ein bisschen kitzeln.*
>
> Heidemarie Rohweder

heftige Theater- und Bühnenengagement der wenigen Schauspieler nicht immer unbedingt einleuchtende Qualität, doch ist diese Bühne für den Stuttgarter Westen ein wichtiger Kunstort, der unbedingt erhalten bleiben sollte – allein schon wegen der Lesungen des Staatsschauspielers Wolfgang Höper.«

Im April 1989 und nach mehreren Jahren am Rand der Pleite waren sich Kulturverwaltung und Theaterbeirat einig: Es kann nur ohne Rolf Siemsen weitergehen. Bitter für ihn. Zwei Wochen später schon stand die Nachfolgerin fest: Die Schauspielerin und Regisseurin Heidemarie Rohweder, bestens bekannt schon aus dem Staatstheater unter Palitzsch und Peymann. Knapp unterlegen übrigens: Regula Gerber.

Rohweders Einstand mit *Cyankali*, Friedrich Wolfs Stück um den Paragrafen 218, hielt, was sie versprochen hatte. Auch Schwabs *Volksvernichtung* oder *Ghetto Warschau* waren starke Stücke. Dafür durfte das Wort *Mirandolina*, ein Goldoni-Flop, später nicht mehr erwähnt werden. Es dauerte nicht lange und der Name Rohweder stand für den ewigen Kampf um mehr Geld. Unbequem zu sein war der mildeste Ausdruck für ihre penetrante Hartnäckigkeit. Sie entdeckte Altlasten im Theater, sie geriet sogleich in die vorderste Front im brutalen Sparkrieg der Stadt. Sie focht nicht nur für sich, sondern für alle anderen kleinen Theater gleich mit. Es gelang ihr, woran zunächst niemand recht glauben wollte: Sie hat die Bühne am Feuersee ästhetisch und finanziell saniert.

Nach knapp drei Jahren aber gab sie auf und bewarb sich weg: nach Esslingen. Und wieder einmal stellte sich 1992 die Frage: Ist das das Ende des Theaters im Westen? Oder gibt es doch noch einmal etwas Neues? – Kindertheater? Ein Domizil für das Theater im Zentrum? Für die Novalis-Bühne?

Und dann gewann, ohne lange zu fragen, das Theater der Altstadt den Wettlauf in den Westen und sagte wie weiland der Igel: Ik bün all do!

DIE UNVOLLENDETE

Musikalisch gesprochen – und Ivan Nagel versteht viel von Musik – geht er mit einem gewaltigen Crescendo. Noch einmal Theater an allen Spielorten, auf allen Instrumenten. Danach Generalpause. Sommer 88 – Endstation.

Das Präludium dauerte länger als das ganze Stück: Im September 1981 war der verdienstvolle Intendant Hans Peter Doll vorzeitig in die Wüste geschickt worden. Eine kleine Oase nur hatte man ihm gelassen: Landesbeauftragter für den künstlerischen Bühnennachwuchs. Sein Überraschungsnachfolger: Wolfgang Gönnenwein, Rektor der Musikhochschule und Leiter der Ludwigsburger Festspiele. Und Gönnenwein ist es, der, kaum designiert, schon den nächsten Schauspielchef aus dem Hut zaubert: Ivan Nagel. Der Kulturkorrespondent der *FAZ* in New York und ehemalige Hamburger Schauspielhaus-Intendant soll 1985 Nachfolger Heymes werden. Fast vier Jahre lang bereitet sich Nagel auf das Amt vor, drei Jahre bleibt er dann.

Drei Jahre sind keine Ära. Aber zunächst hält Nagel, was er verspricht: Farbigkeit ins Theater zu bringen. Das macht neugierig und das Kleine Haus voll. Die Leute wollen es sehen und Nagel kann, wie er gern sagt, »heulen vor Glück« über das geliebte Publikum. Sein erster Spielplan ist sicher nicht der beste, aber der radikalste. Trau keinem über achtzig! – sein Motto gegen Stücke aus dem vorigen Jahrhundert. Amerikanische Gegenwart bringt er an, neues Amüsiertheater.

Klassik wird auf die Wartebank geschoben. Wegwerfstücke über Aids kommen auf die Bühne: *Wie du*. Vergessen? Macht nichts. Es soll Schauspieler im Ensemble gegeben haben, denen gute Texte zwischen den Zähnen fehlten wie das tägliche Brot.

> *Ich bin nicht primär an Gesellschaftskritik, sondern an der Gesellschaft interessiert. Die Gesellschaft aber ändert sich mit jedem Jahr. Auch das Theater und die Ausdrucksformen des Theaters ändern sich. Vieles von dem, was in vier Jahren sein wird, ist überhaupt noch nicht vorauszusagen.*
>
> Ivan Nagel

Ivan Nagel

Ich mag Stuttgart. Ich habe hier als Theaterkritiker bei der Deutschen Zeitung angefangen, die ersten Arbeiten von John Cranko gesehen und rezensiert, die von kaum jemandem erkannt und gelobt wurden, und dahinter die Größe und Wichtigkeit dieser Persönlichkeit gefühlt.
Seitdem verband mich eine anhaltende Freundschaft mit John Cranko – und auch mit Walter Erich Schäfer, den ich sehr tief respektiere als bedeutenden Theaterleiter, als Beschützer der Künstler.

Ivan Nagel

Das Ensemble, ja – Nagel hört rasch den Vorwurf, er pflege dieses nicht. Daran ist viel Wahres. Nagel spielt gern Lufthansa-Theater. Er lässt einfliegen. Christa Berndl und Gertraud Jesserer, Hans-Michael Rehberg und Ulrich Wildgruber, Martin Wuttke, Peter Fitz … Auf der Bühne und für das Stuttgarter Publikum ist das natürlich eine wunderbare Erweiterung des Gesichtskreises.

Ein zweites großes Plus: Ivan Nagel hat eine Liebe und einen Instinkt für junge Talente. Er sieht früh, wo wer was werden kann: Anne Bennent, Susanne Lothar, Herbert Fritsch, Johannes Silberschneider, Ulrich Tukur auf der Bühne, Daniel Karasek und Siegfried Bühr in der Regie, um nur einige zu nennen. Das wird ihm erst Friedrich Schirmer nachmachen. Das sind Entdeckungen, die zu einem großartigen Ensemble hätten führen können, aber … – »Der allzu fiebrige Wechsel von Intendanten gefährdet die Zusammengehörigkeit zwischen Schauspielern und einer Stadt«, sagt Nagel und findet eine Zeit von fünf bis sieben Jahren »nicht ungesund«. Er selber hält es nur drei Jahre aus.

Was fehlt ihm zum Glück? Absagen von Luc Bondy und Peter Zadek – schäbiger Verrat, wie Nagel sagt? Eine geplatzte Inszenierung? Nein. Manchmal ist sein schönes, farbiges Hemd einfach zu kurz. Publikumsrenner aber werden in der Tat drei Musicals: *Linie 1*, *Bye-Bye Show Biz* und »*Wodka Cola*«. Das Sommerereignis 87, Theater der Welt, ist sein Verdienst. Wilsons *Alkestis*, Palitzschs *Juno und der Pfau*, Mantheys *Traumspiel* und Rudolphs *Don Carlos* … Ja, das konnte sich sehen lassen.

Noch einmal musikalisch gesprochen: Nagels Stuttgarter Sinfonie hatte große Momente, spannende Motive, farbige Klänge, spektakuläre Solisten – aber es bleibt eine »Unvollendete«.

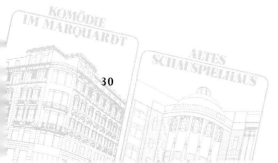

EINMAL WELTSTADT

Wohin Großkritiker reisen oder worum sie einen Bogen machen, das wechselt ständig. Und verrät oft mehr modischen Trend als verlässliche Qualität.
Einmal aber kamen sie alle. Im Juni 1987 war »Theater der Welt« zu Gast in Stuttgart und Stuttgart somit Weltstadt des Theaters. Das passte zu Ivan Nagel, Schauspielintendant und jetzt Festivalpräsident, das passte auch zu Renate Klett, der Dramaturgin und Weltreisenden in Sachen Theater, die rund um den Globus entdecken und einkaufen durfte – »Sparen« war damals noch ein Fremdwort. Man durfte für 14 Tage 3,2 Millionen Mark ausgeben.

Und so treten sie an: Robert Wilson, der Altmeister des Lichts und der Langsamkeit (*Quartett*, *Alkestis*, *Alceste*), Klaus Michael Grüber, der uns aus Frankreich Jeanne Moreau als *Magd Zerline* mitbringt und der 81-jährige japanische Performance-Künstler Kazuo Ohno, der *Waterlilies* wundersam zum Blühen bringt.

Peter Sellars gehört noch zu den jungen Wilden. Er lässt Mozarts *Cosi fan tutte* in einem amerikanischen coffee-shop spielen. Bobby McFerrin macht seinen ganzen Körper zu einem nie gehörten Instrument. Wie sehr sich armes und schönes, phantasievolles und sozialkritisches Theater vertragen, demonstrieren Ensembles aus Brasilien und Südafrika. Tanztheater kommt gerade in Mode. Zur Sensation aber wird der Auftritt der Wassiliew-Bühne aus Moskau mit Viktor Slawkins *Cerceau*. Die Zuschauer sitzen um eine originale Datscha herum und schauen einem alten Spiel mit Ringen und Degen zu, einem Spiel der Angst auch vor dem Versinken des modernen Menschen in der Einsamkeit. Erst Michail Gorbatschows Politik von Glasnost und Perestroika machten es möglich, im Westen, in Stuttgart eine solche Inszenierung jenseits aller sowjet-offiziellen Staatskunst zu zeigen.

Stuttgart als Weltstadt. Da fehlen die bürokratischen Erbsenzähler nicht, die dem Festival nur deshalb kein Zelt genehmigen wollen, weil dabei Grashalme zu Schaden kommen könnten. Es gibt dennoch bei diesem Festival einen weltstädtischen Atem und einen freien Blick auf neue globale Theaterkunst. Und will man im Juni 1987 neuartige Impulse festmachen, dann vielleicht diese: Sprechtheater verschmilzt mehr und mehr mit Musik und Tanz; Licht und Raum, Bewegung, Wort und Klang finden zu einer oft überraschenden Synthese, zu einer neuen Formensprache des Theaters als Welttheater.

2002 sollte dieser Glanz erneut auf Stuttgart fallen. Doch der Oberbürgermeister hat gleich abgewinkt. Frühestens 2005.

Wenn die Gesellschaft nicht im Trübsinn der alltäglichen Bewältigung mittlerer unlösbarer Probleme untergehen will, braucht es die Kunst. Nicht als Lieferantin von Schönheit, sondern als Sitz des Lebendigsten im Menschen, als individuelle Skepsis, als Frechheit und Liebe.

Ivan Nagel

DAMOKLES WAS HERE

> *Stuttgart ist eine Sporthauptstadt, keine Kulturhauptstadt.*
> Manfred Rommel

Vielleicht steht der frühere Ober- und Kulturbürgermeister Manfred Rommel heute nicht mehr so ganz zu diesem Satz, den Stadtrat Dieter Blessing beim Stuttgarter Kulturforum 1991 zitiert hat, aber damals wehte den kleineren Theatern ein harscher Wind ins Gesicht.

Was Professor Dr. Hannes Rettich, früherer Kunstkoordinator des Landes, hier eher weltanschaulich meint, gilt auch finanziell: Beim Geld hört oft die Freundschaft auf. Im Herbst 1990 wurde man grundsätzlich im Gemeinderat. Die privaten Theater in Stuttgart bekommen aus öffentlichen Mitteln rund zehn Millionen Mark. Da die Ansprüche – berechtigt – wachsen, die vorhandenen Mittel aber knapper werden, kommt die Stadt um eine Debatte über den sinnvollen Einsatz der Mittel nicht herum. Im Mai 1991 legt OB Rommel ein »Zahlenwerk« vor, das man wohlwollend als »undurchsichtig« bezeichnen muss. Danach droht, so viel wird klar, für mehrere Bühnen das Aus: Vorhang zu unter anderen für das Theater der Altstadt, das Theater im Westen und die Rampe.

> *Umarmungen von Kunst und Politik können nur von begrenzter Innigkeit sein. Dies ergibt sich schon aus dem unterschiedlichen Selbstverständnis der beiden: Die Politik muss immer wieder den Kompromiss suchen und danach handeln, die Kunst aber hat total kompromisslos zu sein.*
> Hannes Rettich

Ziel müsse es sein, so Rommel, eine möglichst vielfältige Theaterlandschaft zu erhalten, sie aber nicht zu üppig ausufern zu lassen. Üppig? Theater, in denen die Intendantin inszeniert, spielt, Karten abreißt, die Bühne putzt und trotzdem ein schlechtes Gewissen hat, weil sie ihren Spielern nur einen Einheitshungerlohn zahlen kann, können da nur müde lächeln. Üppig! – So die Stuttgarter Sicht. Die andere aber muss man fairerweise auch erwähnen: Überall sonst in der Republik teilt die öffentliche Hand den Privattheatern noch weit kärglicher aus.

Aus Hamburg meldet sich der Barde Wolf Biermann und schreibt an Rommel: Vielleicht ist Rommels Keule aber auch nur deshalb so groß, damit man den kleineren Stock hernach nicht mehr so spürt.

> *Heute ist das Theater der Altstadt nicht mehr aus dem kulturellen Leben der Landeshauptstadt wegzudenken.*
> Manfred Rommel, 1978

Die mittelfristige Galgenfrist jedenfalls schockt Stuttgart. Intendant Gönnenwein und Schauspieldirektor Bosse protestieren. Die Parteien CDU und SPD sind sich plötzlich einig: »Wir werden uns am Theatersterben nicht beteiligen.« Das klingt löblich, durchdacht ist es immer noch nicht. Die große Koalition gegen Rommel gebiert wirre Schnellschüsse. So will die CDU etwa zwei Theater, die tri-bühne und die Rampe, im Alten Zahnradbahnhof unterbringen, wo sich beide auf die Füße träten. Und die SPD wechselt rasch den Gegner aus. Als Lebensretter der Kleintheater nimmt sie jetzt die Staatstheater aufs Korn: dort herrsche pure »Misswirtschaft«, weshalb man flugs alle Zuschüsse für zwei Jahre einfrieren müsse. Die »Bugwellen«-Diskussion wirft ihre Schatten voraus.

Kulturamtsleiterin Dorit Sedelmeier versucht, Rommels Kohlen aus dem Feuer zu holen (*Zunächst müsse niemand mit Schließungen rechnen*), aber ihr Gutachten gießt neues Öl hinein: Sie schlägt einen Theaterbeirat vor, der mit Geld fördern und bei Misswirtschaft strafen kann. Viele Theater lehnen eine solche »Kulturpolizei« ab.

Bei Verteilungskämpfen wird nicht nur die Hand gebissen, die zu wenig Futter bringt, man rauft auch untereinander. Heidemarie Rohweder vom Theater im Westen spielt die Kleintheater gegen die Staatstheater aus. Die Kleinen hätten insgesamt 25 Prozent mehr Besucher gehabt als das Staatsschauspiel, erhielten aber nur einen Bruchteil dessen, was die Staatstheater bekommen. Und Edith Koerber von der tri-bühne stellt die Stadt vor die Alternative: Entweder man finanziert einige professionelle Theater richtig oder man sprenkelt mit der Gießkanne ein paar Tropfen auf dreißig Amateurtheater. Es waren dann sogar 39 Bühnen, die zu einer Anhörung geladen werden – bei der, man weiß das, ohnehin nichts herauskommen kann.

Wem ist es schließlich zu verdanken, dass alles glimpflich ausging? Dem zähen Widerstand der Theater? Dem Publikum, das zu ihnen hielt? Jenen Politikern, die rechtzeitig merkten, dass es mehr Ruhm (und Stimmen) bringt, Kultur zu erhalten als Theater zu schließen? – Das Theater der Altstadt spielt im Westen weiter. Die Rampe kriegt endlich doch den Zahnradbahnhof. Die tri-bühne bleibt und wird sich im Lauf der Jahre erweitern. Auch für die Jugend ist im Theater im Zentrum gesorgt.

Ein Sprung nach vorn, ans Ende der 90-er Jahre: Die Zitronen sind ausgepresst, mehr geht nicht. Also schlägt auch der Wind wieder um. Im November 1998 stellt die vom Land eingesetzte Strukturkommission unter der Leitung von Hellmuth Matiasek fest: »Baden-Württemberg ist ein Land mit einer überaus lebendigen und breit ausdifferenzierten Theaterlandschaft.« Das soll sie auch bleiben, und die Politiker versprechen, nichts Kulturfeindliches, Zu-Tode-Sparendes mehr zu unternehmen. Und wenn die Theater nicht gestorben sind, dann …

Im Theater der Altstadt ist der Spielbetrieb mittelfristig nicht aufrecht zu erhalten.
Manfred Rommel, 1992

Nach meiner Meinung wäre es eine Affenschande, wenn Sie zuließen, dass in Zeiten finanzieller Sorgen in einem ansonsten superreichen Land ausgerechnet die Gaukler bluten sollen.
Wolf Biermann

Treten Sie zurück, Herr Gönnenwein! Sie haben das Kammertheater zur Schließung angeboten, um Ihren Vertrag verlängert zu bekommen. Es gibt unter Theaterleuten einen Ehrenkodex: Man schließt sein eigenes Theater nicht, lieber tritt man vorher selber zurück.
Jürgen Bosse

Jürgen Bosse

EIN KÖNIGSMORD?

November 1992. Im Kammertheater ist soeben eine Uraufführung des über Nacht berühmt gewordenen Sprachverdrechslers Werner Schwab zu Ende gegangen. Schauspieldirektor Jürgen Bosse kommt auf die Bühne, feiert den Dichter und seine Schauspieler, lädt das gesamte Publikum auf eigene Kosten zur Premierenfeier ein, es sei schließlich die letzte Premiere im Kammertheater vor der Schließung. Stille. Und dann zieht Bosse gleichsam ein Messer aus dem Blumenstrauß. Er fordert Gönnenwein zum Rücktritt auf.

Generalintendant Wolfgang Gönnenwein im Publikum ist weiß vor Wut. So einen Eklat hat er sicher nicht erwartet. Er spricht von einem Kesseltreiben gegen ihn und von persönlicher Diffamierung und einer politischen Kampagne. Wort steht gegen Wort. Doch der Königsmord – scheint verunglückt. Drei Tage später erklärt Bosse – ohnehin schon auf dem Absprung nach Essen – seinen eigenen Rücktritt, und Gönnenwein, eilig für vier weitere Jahre im Amt bestätigt, scheint fester im Sattel zu sitzen als zuvor. Trotz »Bugwelle«, des seit Jahren vor sich hergeschobenen Millionendefizits der Staatstheater.

Gönnenwein kann seinen Triumph nicht lange genießen. Der Königsmord hat Spätzündung. Schon das Publikum im Kammertheater applaudiert Bosse, nicht ihm. Das Ensemble wiederholt die Rücktrittsforderung. Operndirektor Klaus Zehelein rückt von ihm ab. Der designierte Schauspieldirektor Friedrich Schirmer lässt wissen, dass er unter Gönnenwein nicht antreten werde. Kultusministerin Brigitte Unger-Soyka hofft auf einen Neuanfang und sagt deutlich, der sei leichter ohne Gönnenwein.

Nur eine Woche nach Bosses Dolchstoß, tritt Gönnenwein zurück, nicht nobel, sondern giftig und gallig. Er müsse gehen, weil die selbstherrlichen Chefs von Schauspiel und Oper keinen Herrn über sich dulden wollten.

Stimmt. Nach der Ära des Patriarchen Walter Erich Schäfer hatte Hans Peter Doll versucht, den Staatstheatern künstlerische Freiräume offen zu halten. Es ist »Papa Doll« oft, aber nicht immer gelungen. Doch wie man ihn vorzeitig in die Wüste geschickt hat, war nun wirklich unanständig. Gönnenwein wiederum, Liebkind des Sonnenkönigs Lothar, hat den Fehler gemacht, an zu vielen Tischen zugleich getafelt zu haben: als Generalintendant, als Staatsrat und als Leiter der Ludwigsburger Schlossfestspiele auch noch. So war es dann eher peinlich, dass man nach seinem Rücktritt einen Generalintendanten gar nicht so sehr vermisste. Die vier Musketiere Haydée, Schirmer, Zehelein mit Hans Tränkle als Verwaltungsdirektor haben die Staatstheater klug durch etliche Stürme gesteuert.

Und Bosse?

Als er von Mannheim kommt, 1988, nennen sie ihn den Langstreckenläufer. Alle erwarten nach dem Sprinter Nagel mehr Ausdauer, mehr Atem, mehr Zeit, um wieder ein Ensemble zu pflegen. Bosse bringt seine besten Arbeiten aus Mannheim mit, einen fabelhaften *Peer Gynt* etwa, aber der Nachschub stockt. Er setzt sich für modernes Theater ein, spielt Thomas Bernhard und Caryl Churchill, Brian Friel und Bernard-Marie Koltès, Klaus Pohl und Werner Schwab. Es lässt Palitzsch und Gruner, Kresnik und Sprenger inszenieren, er gibt jungen Leuten eine Chance. Trotzdem bleiben die Spielzeiten blass. Bosse, der solide Handwerker. Es fehlt der Glanz.

Ehrlich ist er. Und zunehmend einsamer. Er macht Theater für sich. Am Ende teilt sich das alles nicht mehr so richtig mit. Beliebigkeit zieht ein, Mittelmaß. Und dann so ein schriller Spritzer wie Werner Schwabs *Mein Himmel Mein Lieb Meine sterbende Beute*. Und Jürgen Bosse, der mit einer ungeheuren Wut im Bauch allen die Show stiehlt.

Am letzten Tag von Bosses letzter Spielzeit gibt es Horváths *Glaube Liebe Hoffnung*. Die Hoffnung richtet sich nun auf Friedrich Schirmer.

Das Amt des Generalintendanten ist ins Zwielicht geraten.
Wolfgang Gönnenwein

Theater ist mein Leben, basta! Ich weigere mich, das zu begründen. Das Theater kann gar nicht in eine Sinnkrise geraten, weil es keinen Sinn hat. Es ist doch sinnlos, und das ist so schön daran. Ich war früher eine Zeitlang Bauer, warum weiß ich auch nicht. Ich habe nichts grundsätzlich zum Theater zu verkünden.
Jürgen Bosse

NUR HIER HEREIN!

... Und der Harald Schmidt auch, ja, der vom Fernsehen, Schmidteinander und so – der hat drei Jahre lang die Stuttgarter Schauspielschule besucht. Von 1978-81. Kam vom Hölderlin-Gymnasium in Nürtingen, einmal sitzengeblieben. War dort Klassenclown und Stimmenimitator. Ganz große Karriere, der Mann!

Wenn man in die Festschrift 50 *Jahre Schauspielschule* (1992) schaut, findet man noch andere Größen: Klaus Maria Brandauer in Wien und Judy Winter in Berlin. Ulrich Tukur in Hamburg und Bettina Kupfer in Düsseldorf. Manche kennt man vom Fernsehen wie Günther Strack, andere vom Kabarett wie Michael Quast. Und manche werden Kommissar und bleiben in Stuttgart wie Dietz Werner Steck.

In einer Schule kennen sich nur die aus, die sie besucht haben. Das ist bei der Schauspielschule nicht anders. Das Publikum besucht das Theater, aber nicht das Trainingslager. Einen kleinen Einblick immerhin geben die Vorstellungen der Abschlussklassen der Schauspielschule. 1976 war es *Ein Sommernachtstraum* – man spielte mit erfahrenen Kollegen am Esslinger Theater, 16 Abende – Elert Bode war gerade noch Intendant. Und dann wurden die jungen Shakespeare-Heldinnen und -Helden gleich ans harte Brot von 26 Abstecher-Vorstellungen zwischen Ravensburg und Bad Mergentheim gewöhnt. Man spielte auf dem Stuttgarter Schillerplatz und im Ludwigsburger Schloss, in mehreren Fabriken, im alten und neuen Kammertheater – bis man endlich ins neu gestaltete Wilhelma-Theater durfte: 1987 mit *Frühlings Erwachen*. Eine schöne Produktion. Und eine der erfolgreichsten Aufführungen am neuen Ort war *Marat* von Peter Weiss.

Paul Riedy, zugleich Schauspieldirektor, war 1942 der erste Leiter der Schule. Ihm folgten Liselotte Ackermann, Heinz Dietrich Kenter, Karl Guttmann, Lilo Barth und am längsten im Amt, seit 1974: Felix Müller. Wo immer man sich umhört, was immer man auf den Bühnen sieht: Die Stuttgarter Schule bringt erste Qualität hervor.

Wenn es in den letzten Jahren negative Schlagzeilen gab, dann lag das weniger an der Schauspielschule. Zu spät und zu ungeschickt reagierte man im Land auf die absehbare Vakanz nach Müllers Ausscheiden in den Ruhestand. Vier Pleiten brachte die Stellenausschreibung. Der Letzte, der mit Trauer für die Schüler und im Zorn auf die Verwalter absagte, war der Schauspieldirektor Friedrich Schirmer im Dezember 1999. Es schien kaum noch eine Lösung möglich. So war es dann eine Sensation, zumindest ein kleines Wunder, dass die Stuttgarter Stellenausschreiber im Februar 2000 doch noch einen bes-

tens disponierten Mann gewinnen konnten: Professor Volker Canaris. Er kennt die Theaterarbeit von allen Seiten, als Lektor, als Kritiker, als Autor, als Dramaturg, als Schauspieldirektor und Generalintendant. Canaris will den Kontakt zwischen Schule und Theater vertiefen. Er plant außerdem konkrete Schritte in Richtung einer Theaterakademie – auch das ein langes und schmerzhaftes Kapitel in Stuttgart. Canaris möchte den Kern Schauspielschule um die Studiengänge Regie und Dramaturgie erweitern, über die Kunstakademie das Bühnenbild und über die Filmakademie den Film miteinbeziehen.

Ob er's schafft? – Vielleicht mit Hartnäckigkeit und Geduld. Denken wir noch einmal an den Stuttgarter Schauspielschüler Harald Schmidt. Er träumte von Hauptrollen bei Peymann oder Zadek. Aber zuerst war es Augsburg. Er spielte den ersten Mameluk im *Nathan* und hatte einen einzigen Satz zu sagen: »Nur hier herein!«

Felix Müller

DER UNERMÜDLICHE TALENTSUCHER

Lieber werde ich arbeitslos, als unter solchen Vorzeichen mein Brot zu verdienen.
   Friedrich Schirmer

Fast wäre er nicht gekommen. Friedrich Schirmer, bis Spielzeitende 1993 in Freiburg und schon designiert als Bosses Nachfolger in Stuttgart, sagt ab. Wegen der Theaterkrise um Gönnenwein. Als Gönnenwein geht, kommt Schirmer dann doch. War das ein Drama!

Im September 1993 beginnt die neue Truppe mit einem Paukenschlag. Schirmer, der selber nicht inszeniert, greift tief in die Theaterkiste, dorthin, wo die vergessenen und scheinbar unspielbaren Sachen liegen und zieht Grabbes *Herzog Theodor von Gothland* hervor. Es war tollkühn, so zu beginnen, so verprellend für die einen, so grandios für die anderen. Aber es hat sich gelohnt. Schon die erste Aufführung schafft Erregung, Theater kommt nach dem müden Ausklang der Bosse-Jahre wieder ins Gespräch. Schirmer ist mutig, kämpferisch, verliebt in den neuen Spielort – als hätte er Stuttgart seit langem umkreist: erst Esslingen, dann Freiburg, jetzt das Staatsschauspiel. Schirmer verspricht viel und hält viel. Mit manchen Ausgrabungen fällt er auf die Nase, mit manchen Regisseuren auch. Aber einer seiner »Kettenhunde«, der Österreicher Martin Kušej, der *Gothland*-Regisseur, wird sich im Lauf der Jahre zu einem bildermächtigen Inszenator entwickeln, dessen Schauspiel-Oper *König Arthur* nach Dryden/Purcell sich als Publikums-Renner entpuppt, dessen *Hamlet* in Salzburg wie in Stuttgart Eindruck macht.

Schon in Schirmers quirligem Anfang wird deutlich: Er ist ein Ausgräber, ein Schaffer, ein Menschensammler vor allem, der weit fährt, um immer wieder junge Schauspieler, junge Regisseure zu entdecken und auszuprobieren. Samuel Weiss mit seinen Stuttgarter Rollen gehört dazu: der Caligula, der Hamlet, der Tinker (in *Gesäubert*). Christof Loy, der Regisseur von Gorkis *Kinder der Sonne*, Elmar Goerden ein paar Jahre lang und immer noch Stephan Kimmig mit *Über Leben* von Judith Herzberg und zuletzt mit seiner grandiosen Schreckensvision von *Thyestes* (Seneca/Claus). Dieses Sammeln bringt Schirmer über die Jahre – trotz einiger jäher Abgänge – ein insgesamt treues Ensemble ein.

So war es mehr als ein Fotogag, dass Schirmer alle seine Mitspieler auf ein Schiff geladen hat und mit ihnen in Stuttgart gelandet ist. Oft wird die prächtige Spiellaune dieses Ensembles gewürdigt, noch bevor man einzelne Leistungen lobt oder tadelt. Die Bühne lebt. Die Stücke kommen an, heiß oder kalt – aber selten lau.

Ich bin kein Solist. Theater ist ein Gruppenkunstwerk. Mich inspiriert ein Ensemble. Es ist wie bei einer Schiffsbesatzung. Ich habe lieber einen mehr an Bord als zu wenig.
   Friedrich Schirmer

Die Palette ist breit und bunt. Auf ihr hatten Radikal-Regisseure wie Jürgen Kruse (der andere Kettenhund) Platz, der Anne Tismer als Shakespeares *Richard II.* Drahtkronen aus Kleiderbügeln flechten ließ, aber auch ironische Romantiker wie Uwe Jens Jensen, der eine bierselige *Alt-Heidelberg*-Schnulze auferstehen lassen durfte. Da passte die *Geier-Wally* zum *Wintermärchen*, die *Medea* zu Nestroys *Frühere Verhältnisse*. Überhaupt die Österreicher an diesem deutschen Theater: eine starke Fraktion von manchmal umwerfend boshafter Komik, siehe Gottfried Breitfuß', Inszenierung des *Weißen Rössl*.

Die geplante und dann doch nicht erfolgte Schließung des Kammertheaters, die Schirmer zuerst abgeschreckt hat, hat er längst wieder an anderen Spielstätten wettgemacht: Im Kleinen Haus (das er – aus welchen Minderwertigkeitsgefühlen auch immer – unbedingt und missverständlich in »Schauspielhaus« umbenennen musste), im Depot und nicht zuletzt in der Kiste, dem nun wirklich kleinsten Haus des Staatsschauspiels. Im Depot zeigte sich die jüngste Entdeckung Schirmers: hier inszenierte der ideenreiche Engländer Marc von Henning (*Unruhe am Rand der Schöpfung* und *Das unerhörte Gebet des Lügners M.*)

Zweimal schon sah es so aus, als wolle Schirmer vorzeitig die Koffer packen. Im März 1998 war er fürs Hamburger Thalia-Theater im Gespräch. Schirmer blieb – mit leichtem Zugewinn. Ein Jahr später, im Mai 1999 lockte das Deutsche Theater in Berlin. Schirmer blieb. Und so bleibt er denn bis 2003. Und wenn man den Stuttgarter Reaktionen aus Presse und Publikum trauen kann, dann ist man's hierzulande zufrieden. Nicht mit jeder Produktion, aber im Ganzen doch. Längst schon hat Schirmers nächste junge Mann- und Frauschaft zu inszenieren begonnen: Jacqueline Kornmüller (*Bremer Freiheit*, *Drei Schwestern*), Elias Perrig (*Antigone*), Erich Sidler (*Zur schönen Aussicht*) und Sandra Strunz (*Das Kalkwerk*). Und vielleicht schafft er es ja doch noch mit dieser jüngsten Regiegeneration und seinem Projekt »Dichter ans Theater« neben dreimal »Opernhaus des Jahres« wenigstens einmal »Schauspielhaus des Jahres« zu werden.

Friedrich Schirmer

MORGEN, KINDER, WIRD'S WAS GEBEN

Wir haben in Stuttgart 20 Jahre auf ein Kinder- und Jugendtheater gewartet. Wenn wir uns jetzt nicht dafür entschieden hätten, würden wir weitere 20 Jahre darauf warten müssen.
Iris Jana Magdowski

Wer die Jugend hat, hat die Zukunft. Das beteuern alle gern, ganz gleich ob sie sich die Jugend von morgen als Käufer oder Kirchgänger, als Wähler oder Theaterbesucher sichern wollen. Und so tönte denn immer, wenn sich in den letzten 25 Jahren die Stuttgarter Theaterlandschaft bewegte, der Schlachtruf: Wir brauchen ein Kinder- und Jugendtheater!

Claus Peymann erstickte den Ruf mit dem Totschlagargument: Gebt mir eine Million Mark und ich mache euch eins! Als das Theater im Westen zur Disposition stand, als das Alte Schauspielhaus umgebaut werden sollte, als die Räume unterm Charlottenplatz frei wurden ... – immer hieß es: Morgen, Kinder, wird's, kann's, soll's hier was für euch geben! Es stimmte nie.

Im Jahr 2000 dann ein neues Versprechen: Stuttgart bekommt ein Kinder- und Jugendtheater im Tagblatt-Turm. Die Kosten von rund 12 Millionen Mark hat der Gemeinderat beschlossen. Die markigen Sätze der Kulturbürgermeisterin klingen so, als sei Stuttgart tote Hose für theaterneugierige Neulinge. Das stimmt natürlich nicht. Nur zwei Beispiele: Das Theater im Zentrum und der Kruschteltunnel.

Am Anfang steht ein Mann: Manfred Raymund Richter, Schauspielpädagoge und Regisseur. Er allein ist 1974 die neugeschaffene »Beratungsstelle für Jugendtheater und Schulspiel«. Ihn fragen Lehrer und Schülergruppen, wann immer es um Theaterarbeitsgemeinschaften, um Regieaufgaben, Aufführungen, Improvisationen und Interaktionen geht. Richter will kein Vorführtheater, sondern ein Verführtheater. Mit eigenen Inszenierungen und mit vielen Gastspielen aus dem In- und Ausland. Und die ersten Schülertheatertage organisiert er auch.

Theaterspielen fördert den Kontakt zu den eigenen Lebenskräften, und die Erfahrung des Lebens stimuliert die schöpferischen Kräfte, die in künstlerischen Präsentationen in die Wirklichkeit zurückwirken. Theater als Wagnis.
Manfred Raymund Richter

Als Richter das Alte Schauspielhaus in der Kleinen Königstraße als Jugendtheater anpeilt, scheitert er, gibt aber nicht auf. 1989 gelingt der zweite Anlauf: Richter bezieht (inzwischen mit eigener Truppe) das Theater im Zentrum in der Heusteigstraße. Theaterpädagogik, Jugendspielclub und Bühnenstücke sind die drei Säulen des Betriebs. Das Angebot wird angenommen. Immer ausverkauft: *Pu der Bär*. Spektakulär: *Ein Drache beherrscht die Stadt*. Sehr kindergerecht: *Ein Waschlappen fliegt durch die Luft*.

Nach 20 Jahren, 1994, geht Richter in den Ruhestand, sein reiches Erbe übernimmt Peter Galka. Im Herbst 2002 soll es eine neue Spielstätte im Tagblatt-Turm geben. Und einen Namen gibt es auch: Brigitte Dethier (bisher Leiterin des Schnawwl in Mannheim) heißt die gewählte Intendantin, die die Frauenpower im Turm verstärkt, neben Katja Spieß vom Figurentheater und Edith Koerber vom Theater tri-bühne. Findungskommissions-Mitglied Friedrich Schirmer: »Sie ist die Beste, die wir für Stuttgart finden konnten. Sie hat Phantasie und kann die Ärmel hochkrempeln«.

Schon der Name »Kruschteltunnel« verrät, dass hier für die ganz Kleinen gespielt wird, die Vier- bis Sechsjährigen. Mit einer *Reise zum Kleinen Bären* begann es 1980, den (intergalaktischen) Raum stellte Gerhard Woyda mit seinem Renitenz-Theater. Weitere Erfolgstitel waren *Stokkerlok und Millipilli*, *Das Dschungelbuch* und besonders *Oh wie schön ist Panama* von Janosch. Beeindruckende Bilanz der ersten zehn Jahre: Über 67.000 kleine Besucher.

Barbara Schwab und Edita Richter sind die unermüdlichen Initiatorinnen. Sie spielen in Stuttgart im Alten Feuerwehrhaus Süd – und an 40 Spielstätten im Land. Und als die beiden 1997 aufhören, aber den Kruschteltunnel nicht aufgeben wollten, fand sich mit dem Studio Theater unter Norbert Laubacher, dann unter Carl Häser eine neue Zukunft.

Nicht zu vergessen, dass auch die Komödie im Marquardt seit der Spielzeit 1996/97 Jahr für Jahr Märcheninszenierungen für Kinder bietet. *Der Räuber Hotzenplotz* trat als Erster auf, ihm folgten *Die Bremer Stadtmusikanten*, *Der Lebkuchenmann*, *Pinocchio*, der *Hotzenplotz* mit neuen Geschichten und zuletzt *Hänsel und Gretel*.

Und schließlich lassen auch die großen Staatstheater die Kleinen nicht im Regen stehen. Seit Friedrich Schirmer übers Schauspiel wacht, bietet er vorweihnachtlich ein Stück an »für Detektive, für Uskoken, für Älbler und Kelten, für Krokodile, für Hexen und Zauberer, für Holzfäller, Glasmacher und Tanzbodenköniginnen«, jeweils ab acht Jahren. Bei der »Jungen Oper« darf man schon etwas älter sein, aber auch hier lernen junge Zuschauer lustvoll eine Musikästhetik, die sie morgen zu Abonnenten machen kann.

Im Übrigen sagt Brigitte Dethier völlig zu Recht: Kinder brauchen Theater und zwar heute, als Kinder, und nicht deshalb, weil die Theater auch morgen noch Zuschauer brauchen.

> *Wir sorgen dafür, dass die Lichter im Tunnel nicht ausgehen. Wie? Na ja, ich spiele Affen, Mütter, Kühe, Hasen, Torten, Lehrerinnen, Geier, Professoren, Gänse ... und kruschtle und kruschtle ...*
> Barbara Schwab

MÜNCHHAUSEN IM RUHESTAND

Hilf mir in den Sessel! Ich glaube, ich fange an, alt zu werden. Das verdammte Herz. Hol Feder und Tinte. Ich will etwas diktieren. Schreibe. Es geht das Gerücht, Hieronymus von Münchhausen sei von einer Frau zugrunde gerichtet worden. Das ist eine Lüge. Hast du das? Hieronymus von Münchhausen heiratet mit siebzig Jahren ein junges Mädchen. Sie war das süßeste und bezauberndste Geschöpf, das er je gekannt hat. Mit ihr führte er die glücklichste Ehe seines Lebens ...

Das sind im Juli 2002 die letzten Worte, die Elert Bode auf der Bühne des Alten Schauspielhauses spricht, in seiner bis zuletzt geübten Rolle als Intendant, Regisseur und Schauspieler. Der Schauspieler als Lügenbaron Münchhausen in dem letzten Stück Walter Hasenclevers – und irgendwie reichen sich die beiden die Hand: Shaw, der geliebte Lügner, und Münchhausen, der liebende Lügner.

Es ist kein Zufall, sondern der absichtsvoll gewählte Schlusspunkt einer 45 Jahre währenden Intendantenlaufbahn.

Das Stück habe ich 1964 am Lago Maggiore gelesen und mir vorgenommen,
dass ich es inszeniere und spiele, wenn ich alt genug dafür bin.
Jetzt ist es so weit.
Das Stück erzählt vom letzten Lebensabschnitt des 70-jährigen Lügenbarons,
der eine 17-Jährige heiratet, die ihn in den totalen ökonomischen Untergang treibt.
Und dennoch sagt er, dass dies seine glücklichste Zeit gewesen sei.
Ich schätze Stoffe sehr, die nicht klar in Schubladen einzuordnen sind.
Auch das ist eine Geschichte zwischen Komödie und Tragödie.

Elert Bode

Bode ist den 70 Jahren des Barons näher gerückt. Gespielt aber hat er ihn schon einmal, das war im Dezember 1985. Und schon damals hatte er gute Gründe, die leise, menschenfreundliche Geschichte des vergessenen, weil von den Nazis verbrannten Autors Hasenclever zu spielen. Eine erstklassige Bestätigung gibt es von Kurt Tucholsky.

Der Alte, eine Figur, ein Kerl, eine Bombenrolle.
Das ganze Ding sitzt wie allerbeste Maßarbeit. Es hat eine Leichtigkeit,
eine Anmut, Witz und Drolerie, einen seiner selbst sicheren Geschmack –
es ist ganz entzückend.
Wenn das nicht aufgeführt wird, dann sind die Theater noch verkommener,
als sie es nach meiner Meinung schon sind.

Kurt Tucholsky

Geben wir Münchhausen selber das Schlusswort: mit einer so zauberhaften Lüge, dass sie beinahe zur Umschreibung jeglichen Theaterspielens taugt.

Ich wagte nicht, mich umzusehen. Ich starrte immer auf denselben Punkt.
Plötzlich merkte ich, dass in der Wand vor mir eine winzige Öffnung war.
Ich hatte ein Loch in die Wand gestarrt.
Nun fing ich an, mit aller Kraft zu starren und das Loch so zu vergrößern,
dass ich mich mühelos hindurchzwängen konnte.
In einer dunklen Nacht ergriff ich heimlich die Schleier der Haremsdamen,
knotete sie zu einem Strick zusammen und ließ mich daran hinab.
Ich war gerettet. – Schläfst du, mein Herz?

Hieronymus Freiherr von Münchhausen

PETER KÜMMEL:
DER THEATERMACHER

Wenn man die Augen schließt, meint man, es stehe der selige Martin Held, ein gemütlicher Schauspieler mit ungemütlichen Abgründen, auf der Bühne. Öffnen wir die Augen, so sehen wir einen hageren, gespannteren Vertreter seiner Zunft, Elert Bode.

Bodes Stimme ist, wie einst die von Held, stets die sonorste im Raum und also die, welche die abschließende Pointe oder Wahrheit sagt. Aber seine Figuren ruhen nicht in ihrer Hoheitlichkeit; sie sind alerte Männer, die noch was anderes vorhaben. Der Zuschauer ahnt beim Protagonisten eine Unruhe, die ins Ungeduldige und sogar Unwirsche kippen kann, wenn die Umwelt nicht schnell genug die Richtung kapiert, in die der Alphamann da oben will.

Elert Bode wird heute 65. Er ist ein Theatermensch, wie es kaum noch welche gibt. Als 23-Jähriger hat er zum ersten Mal eine Bühne geleitet, die Westfälischen Kammerspiele in Paderborn, und seitdem ist er ohne Unterbrechung immer Theaterchef, Regisseur und Schauspieler in Personalunion gewesen. Er hat mit einer Ausnahme (der Württembergischen Landesbühne Esslingen) nur privatrechtlich organisierte Häuser geführt, er weiß also, wie der Markt funktioniert.

Seit 1976 leitet er die Stuttgarter Komödie im Marquardt, 1984 übernahm er zudem das wiedereröffnete Alte Schauspielhaus. Da er alles macht und kann, wird er unruhig, wenn andere es langsamer oder schlechter machen. Er muss delegieren, was er selber könnte, und da hat er die Ungeduld eines Konvoifahrers, der auch das Auto vor ihm noch lenken möchte. Dass die Schauspielchefs von heute sich in ihren eigenen Häusern nicht richtig auskennen, ist sein Verdacht, und dass sie nie gelernt hätten, Haushaltspläne zu lesen, ist sein Vorwurf.

Dass er es kann, steht fest: Seine Häuser glänzen mit hohen Auslastungen und schaffen das Kunststück, rund 40 Prozent ihres Etats selbst einzuspielen. Als Bode in Stuttgart zur Komödie noch das Alte Schauspielhaus hinzubekam, sollte er eine inhaltliche, ästhetische Lücke füllen: die zwischen Komödie und Staatsschauspiel. Also die zwischen so

genannter leichter Unterhaltung und dem so genannten anspruchsvollen Theater. Ein Entschluss der Stadt gegen das Risiko, der Kritik erntete. Ob es ein künstlerisch erfolgreicher Zug war, darüber wird seitdem gestritten, ökonomisch ist Bodes Doppelintendanz in jedem Fall ein Erfolg. Er bindet in Stuttgart ein Publikum an sich, welches die »Wiedererkennbarkeit« eines Theatertextes auf der Bühne genießt. Vorfreude aufs Vertraute ist ein bedeutender Aspekt im Kommunikationsmodell zwischen Bode und seinen Zuschauern: Man weiß, was auf einen zukommt, es ist ein Spiel zwischen alten Bekannten. Texte werden schulbuchmäßig inszeniert, handwerklich solide, garantiert gut hörbar, ohne Regietheaterüberheblichkeit und Zeitgeistandienerei, aber bisweilen auch bieder, seltsam zeitlos: wie unberührt von der eigenen Zeit.

Bodes »Bibel« bei der Gestaltung seines Programms und bei der Durchdringung des modernen Theaterrepertoires ist der »Spielplan« des verstorbenen FAZ-Theaterkritikers Georg Hensel, eines bei aller Theaterliebe sehr sachlichen Beobachters. Zur Zeit steht Bode als General Quixotte auf der Bühne, es ist eine Figur des Dramatikers Jean Anouilh, der auf deutschen Bühnen mal sehr präsent war und heute fast vergessen ist: Hensel schätzt ihn, Bode nennt ihn zart einen großen Handwerker – und es scheint, als wäre der Theatermacher mit solcher Einschätzung für sich selbst zufrieden.

Stuttgarter Nachrichten, 6. April 1999

Elert Bode als Anouilhs »General Quixotte«, Altes Schauspielhaus, 1998/99

ELERT BODE:
WENN MAN AMÜSIERTHEATER MACHT

Seit knapp zwei Jahren bin ich Intendant eines so genannten »Boulevard-Theaters« in einer süddeutschen Großstadt – verantwortlich also für ein Unternehmen, das an der Peripherie der seriösen Kulturszene bedürfnislose Zeitgenossen mit theatralischer Unterhaltung bedient, serienweise Ehebruch im »Schöner Wohnen«-Milieu auf die Bühne bringt; das Ganze auf falschen Glimmer getrimmt mit ein paar Star-Namen, denen ein Häuflein Mimen vierter Garnitur die Stichworte für schwachsinnige Pointen zuspielen darf. Übertreibung? Untertreibung?

Wie auch immer: Ich beschreibe mit bitterem Ernst oder ernsthafter Verbitterung das Bild, welches in den Köpfen vieler Leute spukt, wenn sie über die Komödien-Häuser hierzulande reden. Trotzdem erscheint es mir zu einfach, zu bequem, mich in den Schmollwinkel des schmählich Verkannten zurückzuziehen.

Es ist eigentlich eine sehr logische Entwicklung, wenn das unterhaltende Theater sich zunehmend in eigene Reservate zurückzog. Ihr Publikum haben sie alle. Die öffentlichen Hände fördern sie mit insgesamt 5,3 Millionen Mark – ein vergleichsweise billiger Spaß, finde ich, denn exakt die gleiche Zuschuss-Summe erfordert der Betrieb des kleinen Stadttheaters Pforzheim allein. Aber diese Rechnung legt auch klar, welchen harten ökonomischen Zwängen die hier beschriebene Theaterarbeit unterworfen ist.

Erhebliche Fragezeichen verbinden sich auch mit unseren Arbeitsbedingungen: Die aus Kostengründen sehr knappe Probenzeit (maximal sind es vier Wochen) zwingt oftmals zu künstlerisch kaum verantwortbarer Flüchtigkeit; dies in einem Metier, das eigentlich besondere Präzision verlangt. Produktionen werden auf die Öffentlichkeit losgelassen in der vagen Hoffnung, dass sie sich noch »einspielen« werden. Unvermeidbares kommerzielles Kalkül bestimmt die »Star«-Besetzungen in den meisten Häusern unserer Gattung; sie haben vielfach eine bedenkliche Kopflastigkeit in den Personalkosten-Kalkulationen im Gefolge. Für die Besetzung der zweiten oder dritten Rollen stehen Gagen-Größen zur Disposition, die für interessante Schauspieler nicht mehr interessant sein können. Der Versuch, hier die rechte Balance zu halten, gleicht einem Seiltanz. Wen kann es verwundern, wenn wir gelegentlich danebentreten? Trotzdem macht's Spaß!

Ernsthafte Überlegungen und glückliche Zufälle lassen doch immer wieder qualifizierte Ensembles zusammenkommen (Ensembles auf Stückdauer, versteht sich, denn wir bieten keine Jahresverträge mit dreizehn Monatsgagen und sieben Wochen bezahltem Urlaub), die über den oft tristen Boulevard-Alltag hinausführen. Weh tut, dass unser Publikum das mitunter nicht in dem von uns erhofften Maß honoriert, sich durch die strapazierte und strapazierende Komik eines die Schauspielkunst ausübenden Wiener Psychiaters anscheinend besser unterhalten fühlt.

Ich gebe eigentlich immer, so ich die Wahl habe, vom Komödien-Gewerbe unverschlissenen Schauspielern und Regisseuren den Vorzug; sehe gern *Menschen* auf der Bühne, nicht Pointen speiende »Sympathie-Träger« (Selbst-Charakterisierung eines prominenten Selbst-Darstellers). Und was mich ganz persönlich glücklich macht: Ich kann und darf meinen Beruf ausüben, die Dinge tun, um derentwillen ich zum Theater gegangen bin; verschleiße mich nicht im täglichen Kleinkrieg mit unlustigen Tarifgruppen-Vorständen, bin mehr als nur Schiedsrichter rivalisierender Sparten, bin den Kollegen im Ensemble nahe (was nicht tägliche Ausschweifungen am Biertisch impliziert); die administrativen Pflichten haben im Tagesablauf einen Stellenwert, der die kreativen Kräfte nicht an die Wand drückt. Mit einem Wort: Ich beneide meine Kollegen in den repräsentativen Instituten nicht!

Westermanns Monatshefte, September 1978

1976 – 2002

1976 / 1977

Foto oben:
Gudrun Thielemann · Günther Schramm
in »Auf Wiedersehen im März«

Foto unten:
Thomas Fritsch · Petra Ulich
in »Barfuß im Park«

▶▶ Foto Seite 51:
Diana Körner · Elert Bode
in »Hokuspokus«

Lucille Fletcher
Zwielicht
Regie: Ludwig Cremer
Ausstattung:
Maleen Pacha · Günter von Wyhl

Francis Veber
Ein Zimmer für zwei
Regie: Dirk Dautzenberg
Ausstattung: Karl-Heinz Franke

Neil Simon
Barfuß im Park
Regie: Elert Bode
Ausstattung: Karl-Heinz Franke

Marguerite Monnot
Irma la Douce
Regie: Horst Heinze
Musikalische Leitung: Karl Kleber
Ausstattung: Jürgen Kötter

Bernard Slade
Auf Wiedersehen im März
Regie: Helmuth Froschauer
Ausstattung: Karl-Heinz Franke

Curt Goetz
Hokuspokus
Regie: Elert Bode
Ausstattung: Gert B. Venzky · Wiltrud Buchta

Peter Yeldham / Donald Churchill
Jedem das Seine
Regie: Horst Antlitz
Ausstattung: Karl-Heinz Franke

1977 / 1978

Foto:
Gerhart Lippert · Susanne Peter
in »Kiss me, Kate«

▶▶ Foto Seite 53:
Bruni Löbel
in »Der Engel mit dem Blumentopf«

Deutsche Erstaufführung
Martin Worth
Der Mann mit den zwei Narzissen
Regie: Horst Antlitz
Ausstattung: Karl-Heinz Franke

Jack Popplewell
Liebling, ich bin da!
Regie: Wolfgang Glück
Ausstattung: Maleen Pacha · Günter von Wyhl

Jerome Chodorow
Eine phantastische Nacht
Regie: Horst Antlitz
Ausstattung: Karl-Heinz Franke

Cole Porter
Kiss me, Kate
Regie: Horst Heinze
Musikalische Leitung: Karl Kleber
Ausstattung: Maleen Pacha · Günter von Wyhl

Neil Simon
Ein seltsames Paar
Regie: Horst Antlitz
Ausstattung: Karl-Heinz Franke

Miguel Mihura
Der Engel mit dem Blumentopf
Regie: Helmuth Froschauer
Ausstattung: Karl-Heinz Franke

Leslie Stevens
Ehekarussell
Regie: Elert Bode
Ausstattung: Gert B. Venzky

1978 / 1979

Foto oben:
Ruth-Maria Kubitschek ·
Peter Lange · Ludwig Schütze
in »Die Frau im Morgenrock«

Foto unten:
Antje Hagen · Elert Bode
in »Ferien für Jessica«

▶▶ Foto Seite 55:
Johannes Grossmann ·
Karin Dor · Dieter Eppler
in »Betreten verboten«

Martin Worth / Peter Yeldham
Spiel mit dem Feuer
Regie: Dieter Kehler
Ausstattung: Karl-Heinz Franke

Lope de Vega
Tumult im Narrenhaus
Regie: Horst Antlitz
Ausstattung: Maleen Pacha · Günter von Wyhl

Ted Willis
Die Frau im Morgenrock
Regie: Alexander Hegarth
Ausstattung: Karl-Heinz Franke

Paul Burkhard
Das Feuerwerk
Regie: Horst Antlitz
Musikalische Leitung: Karl Kleber
Ausstattung: Maleen Pacha · Günter von Wyhl

Hugh und Margret Williams
Betreten verboten
Regie: Horst Heinze
Ausstattung: Karl-Heinz Franke

Noel Coward
Fröhliche Geister
Regie: Horst Antlitz
Ausstattung: Karl-Heinz Franke

Carolyn Green
Ferien für Jessica
Regie: Erich Neureuther
Ausstattung: Maleen Pacha · Günter von Wyhl

1979 / 1980

Foto:
Barbara Rath · Thomas Fritsch
in »Der Regenmacher«

▶▶ Foto Seite 57:
Claus Biederstaedt · Irene Marhold
in »Acapulco, Madame«

Yves Jamiaque
Acapulco, Madame
Regie: Claus Biederstaedt
Ausstattung: Karl-Heinz Franke

Richard N. Nash
Der Regenmacher
Regie: Horst Antlitz
Ausstattung: Gert B. Venzky

Franz Grothe
Das Wirtshaus im Spessart
Regie: Günther Wissemann
Musikalische Leitung: Mario Beretta
Ausstattung: Maleen Pacha · Günter von Wyhl

Judith Ross
Eine fast vollkommene Frau
Regie: Jürgen Nola
Ausstattung: Gert B. Venzky

August von Kotzebue / Ilo von Janko:
Auf Böcke schießt man nicht
Regie: Peter Lüdi
Ausstattung: Maleen Pacha · Günter von Wyhl

John Tobias
Ich dachte, Sie sind mein Mann
Regie: Horst Antlitz
Ausstattung: Karl-Heinz Franke

1980 / 1981

Foto oben:
Erwin Strahl · Waltraud Haas
in »Es war die Lerche«

Foto unten:
Sibylle Nicolai · Hansjörg Hack
in »No, no, Nanette«

▶▶ Foto Seite 59:
Herbert Herrmann · Jutta Speidel
in »Ich hör' so gern die Amseln singen«

Uraufführung
Claus Tinney
Ich hör' so gern die Amseln singen
Regie: Helmuth Froschauer
Ausstattung: Maleen Pacha · Günter von Wyhl

Deutschsprachige Erstaufführung
Ira Levin
Die Todesfalle
Regie: Dieter Kehler
Ausstattung: Karl-Heinz Franke

Vincent Youmans
No, no, Nanette
Regie: Horst Heinze
Musikalische Leitung: Mario Beretta
Ausstattung: Maleen Pacha · Günter von Wyhl

Pierre Barillet / Jean-Pierre Grèdy
Die Kaktusblüte
Regie: Jürgen Nola
Ausstattung: Karl-Heinz Franke

Ephraim Kishon
Es war die Lerche
Regie: Erwin Strahl
Gastspiel-Serie der Badischen
Landesbühne Bruchsal

Neil Simon
Das zweite Kapitel
Regie: Horst Antlitz
Ausstattung: Gert B. Venzky

1981 / 1982

Foto oben:
Claus Biederstaedt · Franziska Bronnen
in »Peanuts«

Foto unten:
Monika Knies · Sigrid Rautenberg · Carola Uhl
in »Glückliche Reise«

▶▶ Foto Seite 61:
Dirk Dautzenberg · Ruth Buser
in »Die Schule der Frauen«

André Roussin
Die kleine Hütte
Regie: Horst Flick
Ausstattung:
Maleen Pacha · Günter von Wyhl

Molière
Die Schule der Frauen
Regie: Dirk Dautzenberg
Ausstattung: Maleen Pacha · Günter von Wyhl

Eduard Künneke
Glückliche Reise
Regie: Günther Wissemann
Musikalische Leitung:
Peter Frass-Wolfsburg
Ausstattung: Manfred Holler

Deutschsprachige Erstaufführung
Bernard Slade
Peanuts
Regie: Claus Biederstaedt
Ausstattung: Gert B. Venzky

Eugéne Scribe
Das Glas Wasser
Regie: Helmuth Froschauer
Musikalische Leitung: Rudi Spring
Ausstattung: Maleen Pacha · Günter von Wyhl

Ira Levin
Hals- und Beinbruch
Regie: Horst Antlitz
Ausstattung: Gert B. Venzky

1982 / 1983

Foto:
Ruth-Maria Kubitschek · Alexander Hegarth
in »Das späte Fräulein Pimpernell«

▶▶ Foto Seite 63 oben:
Antje Roosch · Heinz Drache
in »Mädchen vom Lande«

▶▶ Foto Seite 63 unten:
Antje Hagen · Siegfried Rauch
in »Der Mann im Gästezimmer«

Uraufführung
Claus Tinney
Der Mann im Gästezimmer
Regie: Wilm ten Haaf
Ausstattung: Maleen Pacha · Günter von Wyhl

Johann Wolfgang von Goethe
Die Mitschuldigen
Regie und Ausstattung:
Claus Landsittel

Mitch Leigh
Der Mann von La Mancha
Regie und Musikalische Leitung:
Charles B. Axton
Ausstattung: Matthias Stevens · Barbara Krott

Uraufführung
Peter Podehl
Das späte Fräulein Pimpernell
Regie: Alexander Hegarth
Ausstattung: Maleen Pacha · Günter von Wyhl

G. B. Shaw und Curt Goetz
Mädchen vom Lande
Regie: Heinz Drache
Ausstattung: Werner Juhrke
Gastspielserie Euro-Studio Landgraf

Alan Ayckbourn
Treppauf - treppab
Regie: Dieter Kehler
Ausstattung: Maleen Pacha · Günter von Wyhl

1983 / 1984

Foto:
Elert Bode · Monika Goll
in »Applaus für Scottie«

▶▶ Foto Seite 65:
Michaele Gries · Ida Ehre
in »Geld«

Uraufführung
Joachim Wichmann
Reiner Zufall
Regie: Heiner Schmidt
Ausstattung: Maleen Pacha · Günter von Wyhl

Herbert Asmodi
Geld
Regie: Wilhelm Semmelroth
Ausstattung: Barbara Krott

Noel Coward
Ein Mädchen zum Souper
Regie: Jürgen Nola
Musikalische Leitung: Ladislav Gerhardt
Ausstattung: Gert B. Venzky · Monika Hanke

Calderon de la Barca
Dame Kobold
Regie und Bühnenbild:
Claus Landsittel
Kostüme: Sabine Meinhardt

Bernard Slade
Applaus für Scottie
Regie: Elert Bode
Ausstattung: Gert B. Venzky · Rita Fellmann

Derek Benfield
Love-Jogging
Regie: Horst Antlitz
Ausstattung: Maleen Pacha · Günter von Wyhl

1984 / 1985

Foto:
Erika Ussat · Reinhart von Stolzmann
in »Ein Hauch von Frühling«

▶▶ Foto Seite 67 oben:
Irene Marhold · Brigitte Mira
in »Nachbarinnen«

▶▶ Foto Seite 67 unten:
Claus Biederstaedt · Petra-Verena Milchert
in »Romantische Komödie«

Loleh Bellon
Nachbarinnen
Regie: Wilm ten Haaf
Ausstattung: Barbara Krott

Bernard Slade
Romantische Komödie
Regie: Claus Biederstaedt
Ausstattung: Maleen Pacha · Günter von Wyhl

George Gershwin
Oh, Kay
Regie: Charles B. Axton
Musikalische Leitung: Ladislav Gerhardt
Ausstattung: Barbara Krott

Anthony Shaffer
Revanche
Regie: Dieter Kehler
Ausstattung:
Gert B. Venzky · Annemarie Rieck-Pickl

Karl Wittlinger
Heilig's Blitzle
Regie: Claus Landsittel
Ausstattung: Katja Freidank

Samuel Taylor
Ein Hauch von Frühling
Regie: Peter von Wiese
Ausstattung: Maleen Pacha · Günter von Wyhl

1985 / 1986

Foto:
Katinka Hoffmann · Wolf Janke ·
Charles Regnier
in »Das schwarze Schaf«

▶▶ Foto Seite 69 oben:
Hans-Dieter Asner · Elisabeth Wiedemann
in »Es bleibt in der Familie«

▶▶ Foto Seite 69 unten:
Günther Schramm · Gudrun Thielemann
in »Plaza Suite«

Louis Verneuil
Es bleibt in der Familie
Regie: Horst Heinze
Ausstattung:
Gert B. Venzky · Annemarie Rieck-Pickl

Neil Simon
Plaza Suite
Regie: Claus Landsittel
Ausstattung:
Maleen Pacha · Günter von Wyhl

Woody Allen
Spiel's noch einmal, Sam
Regie: Bernhard Dübe
Ausstattung: Barbara Krott

Rainer Erler
Die Orgie
Regie: Rainer Erler
Gastspielserie Kempf GmbH

Yves Jamiaque
Das schwarze Schaf
Regie: Horst Johanning
Ausstattung: Maleen Pacha · Günter von Wyhl

Wolf-Dietrich Sprenger
**Null zu Null oder
Die Wiederholung des Angriffsspiels**
Regie: Günther Wissemann
Ausstattung:
Gert B. Venzky · Annemarie Rieck-Pickl

1986 / 1987

Foto:
Walter Schultheiß · Erika Wackernagel
in »Sei still, Kerle oder
's Konfirmandefescht«

▶▶ Foto Seite 71:
Klaus-Peter Grap · Christine Reinhart
in »Ein Herz und eine Bohne«

Sehr geehrte Leserin, sehr geehrter Leser,

Sie haben das Buch _____

aus unserem Verlag gelesen. Wie hat es Ihnen gefallen?

Wir sind an Ihrer Meinung sehr interessiert und freuen uns auf Ihre Antwort. Bitte senden Sie uns diese Postkarte zurück oder schicken Sie uns eine

E-Mail: »info@bleicher-verlag.de«.

Besuchen Sie auch unsere homepage: www.bleicher-verlag.de

Bleicher Verlag

Claus Tinney
Ein Herz und eine Bohne
Regie: Horst Heinze
Ausstattung: Maleen Pacha · Günter von Wyhl

Deutschsprachige Erstaufführung
Stanley Price
Warum gerade ich?
Regie: Peter von Wiese
Ausstattung: Gert B. Venzky · Gabriele Maier

Uraufführung
Gunther Beth
Der Neurosenkavalier
Regie: Claus Biederstaedt
Ausstattung:
Gert B. Venzky · Annemarie Rieck-Pickl

Just Scheu
Der Mann mit dem Zylinder
Regie: Günther Wissemann
Musikalische Leitung: Mario Beretta
Ausstattung: Maleen Pacha · Günter von Wyhl

Fitzgerald Kusz
Sei still, Kerle oder
's Konfirmandefescht
Regie: Claus Landsittel
Ausstattung: Katja Freidank

Jean Kerr
Mittagsstunde
Regie: Klaus Engeroff
Ausstattung: Gert B. Venzky · Gabriele Maier

1987 / 1988

Foto oben:
Klaus-Peter Grap ·
Regina Faerber · Volker Conradt
in »Komödie im Dunkeln«

Foto unten:
Erika Wackernagel · Walter Schultheiß
in »Sturm im Wasserglas«

▶▶ Foto Seite 73:
Tilman Madaus · Monika Madras
in »Das letzte Testament«

Vico von Bülow
Loriot-Abend
Regie: Helmuth Fuschl
Gastspielserie Theater am Wallgraben, Freiburg

Curt Goetz
Der Lügner und die Nonne
Regie: Bernhard Dübe
Ausstattung: Gert B. Venzky · Gerda Raichle

Peter Shaffer
Komödie im Dunkeln
Regie: Klaus Engeroff
Ausstattung: Maleen Pacha · Günter von Wyhl

Jean-Jacques Bricaire
Schein oder nicht Schein
Regie: Horst Heinze
Ausstattung: Gert B. Venzky · Gabriele Maier

Sacha Guitry
Das letzte Testament
Regie: Elert Bode
Ausstattung: Barbara Krott

Bruno Frank
Sturm im Wasserglas
Regie und Ausstattung:
Claus Landsittel

1988 / 1989

Foto oben:
Alexander Osteroth · Olivia Silhavy
in »Die Fee«

Foto unten:
Barbara Fenner · Monica Kaufmann
in »Ist das nicht romantisch?«

▶▶ Foto Seite 75:
Ulrich Radke · Elert Bode
in »Vielgeliebter Leopold«

Alan Ayckbourn
Halbe Wahrheiten
Regie: Klaus Engeroff
Ausstattung: Gert B. Venzky · Gabriele Maier

Deutschsprachige Erstaufführung
Jean Sarment
Vielgeliebter Leopold
Regie: Elert Bode
Ausstattung: Barbara Krott

Jean Kerr
Nie wieder Mary
Regie: Peter Lüdi
Ausstattung: Dieter Stegmann · Gabriele Maier

Deutschsprachige Erstaufführung
Wendy Wasserstein
Ist das nicht romantisch?
Regie: Jürgen Nola
Ausstattung: Barbara Krott

Pierre Chesnot
Ein schöner Schlawiner
Regie: Günther Schramm
Ausstattung: Gert B. Venzky · Gabriele Maier

Franz Molnar
Die Fee
Regie: Günther Wissemann
Ausstattung: Barbara Krott

1989 / 1990

Foto:
Inge Meysel
in »Teures Glück«

▶▶ Foto Seite 77 oben:
Elert Bode · Dinah Politiki
in »Dr. med. Hiob Praetorius«

▶▶ Foto Seite 77 unten:
Hans Dieter Asner · Monika Madras
in »Endlich allein«

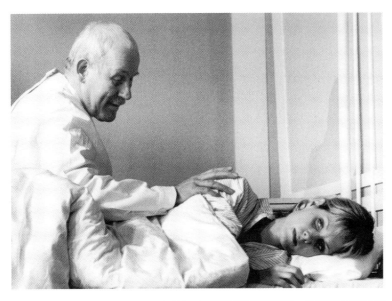

Lawrence Roman
Endlich allein
Regie: Horst Heinze
Ausstattung: Barbara Krott

Jean Bouchaud
Teures Glück
Regie: Thomas Engel
Ausstattung: Malte Marks · Hannelore Nennecke
Gastspielserie Euro-Studio Landgraf

Curt Goetz
Dr. med. Hiob Prätorius
Regie: Elert Bode
Ausstattung: Gert B. Venzky · Gabriele Maier

Colette
Gigi
Regie: Erica Hermann
Ausstattung: Margarete Schäfer

Uraufführung
Karl Wittlinger
Wollen Sie ein Kaktus werden?
Regie: Klaus Engeroff
Ausstattung:
Hartmut Krügener · Sabine Meinhardt

Philip King
Lauf doch nicht immer weg
Regie: Peter Lüdi
Ausstattung: Helga Schwartzkopff

1990 / 1991

Foto:
Monica Kaufmann · Winfried Stahlke ·
Heidi Züger · Sibylle Kuhne
in »Der Verführer«

▶▶ Foto Seite 79:
Erika Ussat · Heinz Lieven
in »Der mutige Seefahrer«

Diego Fabbri
Der Verführer
Regie: Wolfgang Schön
Ausstattung: Ekkehard und Marte Kröhn

Wolfgang Kohlhaase
und Rita Zimmer
Fisch zu viert
Regie: Erica Hermann
Ausstattung: Barbara Krott

Ladislaus Bush-Fekete
Der Seiltänzer
Regie: Elert Bode
Ausstattung: Gert B. Venzky · Gabriele Maier

Georg Kaiser
Der mutige Seefahrer
Regie: Peter von Wiese
Ausstattung: Christof Heyduck

Pierre Barillet / Jean Pierre Grédy
Große Liebe
Regie: Horst Heinze
Ausstattung: Gert B. Venzky · Gabriele Maier

Anthony Mariott / Bob Grant
Trautes Heim – nie allein
Regie: Peter von Wiese
Ausstattung: Barbara Krott

1991 / 1992

Foto oben:
Susanne Peter · Janet Tayler · Sue Mathys ·
Gabriele Ramm · Sylvia Rudolf
in »Nonnsense«

Foto unten:
Herbert Dardel · Volker Jeck
Walter Schultheiß · Ellen Brugger
in »'s elektrisch Herz«

 Foto Seite 81:
Cay Helmich · Jochen Busse
in »Unbekannt verzogen«

Deutschsprachige Erstaufführung
Peter Yeldham
Geteilte Freude
Regie: Horst Mentzel
Ausstattung: Gert B. Venzky · Gabriele Maier

Dan Goggin
Nonnsense
Regie: Markus Weber
Musikalische Leitung: Michael Summ
Ausstattung: Walter Perdacher

Curt Goetz
Miniaturen
Regie: Elert Bode
Ausstattung: Barbara Krott

Michael Pertwee
Unbekannt verzogen
Regie: Peter von Wiese
Ausstattung: Gert B. Venzky · Gabriele Maier

Marc Gilbert Sauvajon
Bezaubernde Julia
Regie: Erica Hermann
Ausstattung: Barbara Krott

Uraufführung
Karl Wittlinger
's elektrisch Herz
Regie: Peter von Wiese
Ausstattung: Gert B. Venzky · Gabriele Maier

1992 / 1993

Foto:
Elert Bode · Ulrike Ullrich
in »Romeo mit grauen Schläfen«

▶▶ Foto Seite 83 oben:
Reinhart von Stolzmann · Rotraut Rieger
in »Und das am Montagmorgen«

▶▶ Foto Seite 83 unten:
Cornelia Hampen · Günther Schramm
in »Was willst Du denn beim Film?«

John B. Priestley
Und das am Montagmorgen
Regie: Peter von Wiese
Ausstattung: Gert B. Venzky · Gabriele Maier

Curth Flatow
Romeo mit grauen Schläfen
Regie: Elert Bode
Ausstattung: Gert B. Venzky · Rita Fellmann

Pierre Chesnot
Wohl bekomm's
Regie: Wolfgang Schön
Ausstattung: Ekkehard und Marte Kröhn

André Roussin
Die Lokomotive
Regie: Winfried Stahlke
Ausstattung: Barbara Krott

Neil Simon
Was willst du denn beim Film?
Regie: Peter von Wiese
Ausstattung: Gert B. Venzky · Gabriele Maier

J. R. Gurney
Love Letters
Regie: Elert Bode

1993 / 1994

Foto oben:
Alexander Osteroth · Petra-Maria Popp ·
Michael Holz · Cornelia Bernoulli
in »Sextett«

Foto unten:
Nils Weyland · Angela Noack ·
Ulrike Barthruff · Alexandra Surer ·
Erika Ussat · Volker Jeck · Boris Eder
in »Damals in Brooklyn«

▶▶ Foto Seite 85 oben:
Dieter Schaad · Dagmar Hessenland
in: »Heiraten ist immer ein Risiko«

▶▶ Foto Seite 85 unten:
Volker Conradt · Karin Schroeder
in: »Nun reicht's aber«

Michael Pertwee
Sextett
Regie: Erica Hermann
Ausstattung: Günther Lüdecke · Gabriele Maier

Saul O'Hara
Heiraten ist immer ein Risiko
Regie: Elert Bode
Ausstattung: Barbara Krott

Donald R. Wilde
Nun reicht's aber
Regie: Wolfgang Schön
Ausstattung: Gert B. Venzky · Gabriele Maier

Neil Simon
Damals in Brooklyn
Regie: Peter von Wiese
Ausstattung: Gert B. Venzky · Gabriele Maier

Curt Goetz
Seitensprünge
Regie: Michael Holz
Ausstattung: Barbara Krott

1994 / 1995

Foto oben:
Jörg von Liebenfelß · Monika Madras
in »Schloß zu verkaufen«

Foto unten:
Simone von Racknitz · Reinhart von Stolzmann ·
Rotraut Rieger
in »Das glückliche Paar«

▶▶ Foto Seite 87:
Nils Weyland · Petra-Maria Popp
in »Barfuß im Park«

Curth Flatow
Das glückliche Paar
Regie: Peter von Wiese
Ausstattung: Gert B. Venzky · Kerstin Giulini

Neil Simon
Barfuß im Park
Regie: Erica Hermann
Ausstattung: Gert B. Venzky · Kerstin Giulini

Robert Lamoureux
Schloss zu verkaufen
Regie: Wolfgang Schön
Ausstattung: Ekkehard und Marte Kröhn

Jens Exler
Tratsch im Treppenhaus
Regie: Peter Heeg
Ausstattung: Gert B. Venzky · Kerstin Giulini

Uraufführung
Horst Pillau
Klimawechsel
Regie: Michael Holz
Ausstattung: Barbara Krott

Eberhard Streul
Die Sternstunde des Josef Bieder
Regie: Reinhart von Stolzmann
Ausstattung: Heidi von Stolzmann

1995 / 1996

Foto oben:
Stefan Bastians · Rose Kneissler ·
Joerg Adae
in »A schöne Bescherung«

Foto unten:
Friedhardt Kazubko · Antje Hagen
in »Der Trauschein«

▶▶ Foto Seite 89:
Christiane Hecker · Hans Dieter Asner
in »Trau keinem über 60!«

Gunther Beth
Trau keinem über 60!
Regie: Erica Hermann
Ausstattung: Barbara Krott

Uraufführung
Monika Hirschle
A schöne Bescherung
Regie: Peter von Wiese
Ausstattung: Gert B. Venzky · Kirsten Lock

Francis Veber
Dinner für Spinner
Regie: Pierre Léon
Ausstattung: Barbara Krott

Ephraim Kishon
Der Trauschein
Regie: Michael Holz
Ausstattung: Gert B. Venzky · Kirsten Lock

Ray Cooney
Außer Kontrolle
Regie: Horst Mentzel
Ausstattung: Ekkehard und Marte Kröhn

1996 / 1997

Foto oben:
Volker Jeck · Walter Schultheiß
in »D'r verkaufte Großvater«

Foto unten:
Martin Beck
in »Der Räuber Hotzenplotz«

▶▶ Foto Seite 91 oben:
Reinhart von Stolzmann · Karin Boyd
in »Die Eule und das Kätzchen«

▶▶ Foto Seite 91 unten:
Erika Ussat · Angelica Ladurner ·
Peter Rißmann · Berthold Korner
in »Der muss es sein«

Wilton Manhoff
Die Eule und das Kätzchen
Regie: Karin Boyd
Ausstattung: Gert B. Venzky · Nicola Stahl

Jeanne und Sam Bobrick
Schönes Wochenende
Regie: Elert Bode
Ausstattung: Barbara Krott

Anton Hamik / Christa Riegraf
D'r verkaufte Großvater
Regie: Horst Mentzel
Ausstattung: Gert B. Venzky · Nicola Stahl

James Sherman
Der muss es sein
Regie: Peter von Wiese
Ausstattung: Ekkehard und Marte Kröhn

Robin Hawdon
Ein Traum von Hochzeit
Regie: Peter von Wiese
Ausstattung: Gert B. Venzky · Nicola Stahl

Theater für Kinder
Otfried Preußler
Der Räuber Hotzenplotz
Regie: Rose Kneissler
Ausstattung: Barbara Krott

1997 / 1998

Foto:
Frithjof Vierock
in »Der Lampenschirm«

▶▶ Foto Seite 93 oben:
Erika Ussat · Kristin Zein ·
Jutta Kammann
in »Was dem einen recht ist«

▶▶ Foto Seite 93 unten:
Lucia Schlör · Markus Gehrlein ·
Joerg Adae · Sabine Hahn ·
Ulrike Barthruff · Steven Kent
in »Ab heut' wird g'spart!«

Terence Frisby
Ein Mädchen in der Suppe
Regie: Thomas Stroux
Ausstattung: Gert B. Venzky · Nicola Stahl

Curt Goetz
Der Lampenschirm
Regie: Elert Bode
Ausstattung: Barbara Krott

Donald R. Wilde
Was dem einen recht ist
Regie: Peter von Wiese
Ausstattung: Gert B. Venzky · Nicola Stahl

Patrick Hamilton
Gaslicht
Regie: Michael Holz
Ausstattung: Barbara Krott

Walter G. Pfaus / Christa Riegraf
Ab heut' wird g'spart!
Regie: Peter von Wiese
Ausstattung: Gert B. Venzky · Nicola Stahl

Theater für Kinder
Peter Ensikat
Die Bremer Stadtmusikanten
Regie: Rose Kneissler
Ausstattung: Barbara Krott

1998 / 1999

Foto oben:
Norbert Ghafouri · Ricky May
in »Frauen sind stark!«

Foto unten:
Peter Rißmann · Evamaria Salcher
in »Geliebte Hexe«

▶▶ Foto Seite 95 oben:
Walter Schultheiß · Stefanie Stroebele
in »Selber schuld«

▶▶ Foto Seite 95 unten:
Christina Puciata · Jörg von Liebenfelß
in »Jetzt werden wir reich und glücklich«

Curth Flatow
Mein Vater, der Junggeselle
Regie: Peter von Wiese
Ausstattung: Gert B. Venzky · Nicola Stahl

John van Druten
Geliebte Hexe
Regie: Peter von Wiese
Ausstattung: Barbara Krott

Uraufführung
Horst Pillau
Frauen sind stark!
Regie: Michael Holz
Ausstattung: Gert B. Venzky · Nicola Stahl

Uraufführung
Johann Martin Enderle
nach Goethe
Selber schuld
Regie: Rose Kneissler
Ausstattung: Barbara Krott

Jean-Pierre Grédy / Pierre Barillet
**Jetzt werden wir reich
und glücklich**
Regie: Michael Holz
Ausstattung: Gert B. Venzky · Nicola Stahl

Theater für Kinder
David Wood
Der Lebkuchenmann
Regie: Rose Kneissler
Ausstattung: Barbara Krott

1999 / 2000

Foto oben:
Reinhart von Stolzmann ·
Kristin Zein · Iris-Andrea Zippel
in »Lottoglück«

Foto unten:
Sigrid Rautenberg ·
Björn-Tilo Kraft · Jutta Boll
in »So ist meine Frau«

▶▶ Foto Seite 97:
Peter Rißmann · Nils Weyland ·
Christina Puciata
in »Ingeborg«

Sabine Thiesler
Lottoglück
Regie: Peter von Wiese / Stefanie Stroebele
Ausstattung: Gert B. Venzky · Nicola Stahl

Noel Coward
Fröhliche Geister
Regie: Hansjörg Hack
Ausstattung: Barbara Krott

Curt Goetz
Ingeborg
Regie: Karin Boyd
Ausstattung: Barbara Krott

Marvin Sandberg
So ist meine Frau
Regie: Claudia Borowy
Ausstattung: Gert B. Venzky · Nicola Stahl

Francis Veber
Die Nervensäge
Regie: Peter von Wiese
Ausstattung: Gert B. Venzky · Nicola Stahl

Theater für Kinder
Carlo Collodi
Pinocchio
Regie: Rose Kneissler
Ausstattung: Barbara Krott

2000 / 2001

Foto oben:
Nils Weyland · Christoph Sommer
in »Otello darf nicht platzen«

Foto unten:
Volker Conradt · Andrea Hörnke Trieß
in »Keine Ehe nach Maß«

▶▶ Foto Seite 99 oben:
Joerg Adae · Susanne Herlet ·
Katrin Brockmann · Armin Jung
in »Jessica kommt zurück!«

▶▶ Foto Seite 99 unten:
Volker Jeck · Stefanie Stroebele ·
Ellen Brugger
in »Oh Sippschaft!«

Curth Flatow
Keine Ehe nach Maß
Regie: Peter von Wiese
Ausstattung: Gert B. Venzky · Nicola Stahl

Horst Pillau
Jessica kommt zurück!
Regie: Stefanie Stroebele
Ausstattung: Barbara Krott

Ken Ludwig
Otello darf nicht platzen
Regie: Peter von Wiese
Ausstattung: Gert B. Venzky · Nicola Stahl

Johann Martin Enderle
nach Ludwig Thoma
Oh Sippschaft!
Regie: Rose Kneissler
Ausstattung: Barbara Krott

Frank Pinkus
Zurück zum Happy End
Regie: Claudia Borowy
Ausstattung: Pascale Arndtz · Nicola Stahl

Theater für Kinder
Otfried Preußler
Neues vom Räuber Hotzenplotz
Regie: Rose Kneissler
Ausstattung: Barbara Krott

2001 / 2002

Foto:
Barbara von Münchhausen ·
Jan-Sandro Berner
in »Ein Hansen zu viel«

▶▶ Foto Seite 101:
Johanna Hanke · Roland Peek ·
Jörg von Liebenfelß
in »Was zählt, ist die Familie«

Joe DiPietro
Was zählt, ist die Familie!
Regie: Peter von Wiese
Ausstattung: Gert B. Venzky · Nicola Stahl

Horst Pillau
Ein Hansen zu viel
Regie: Stefanie Stroebele
Ausstattung: Barbara Krott

Uraufführung
Stefan Vögel
Eine gute Partie
Regie: Elert Bode
Ausstattung: Gert B. Venzky · Nicola Stahl

Wolfgang Kohlhaase und
Rita Zimmer
Fisch zu viert
Regie: Pierre Léon
Ausstattung: Barbara Krott

Lawrence Roman
Heirat wider Willen
Regie: Karina Thayenthal
Ausstattung: Gert B. Venzky · Nicola Stahl

Theater für Kinder
Wolfgang Wiens
Hänsel und Gretel
Regie: Rose Kneissler
Ausstattung: Barbara Krott

1984 – 2002

1984 / 1985

Foto:
Linda Joy · Henning Gissel
Charles Regnier
in »1913«

▸▸ Foto Seite 105:
Renate Heilmeyer · Elert Bode
in »Der Nabel«

Carl Sternheim
1913
Regie: Claus Landsittel
Ausstattung: Thomas Pekny

Deutsche Erstaufführung
Jean Anouilh
Der Nabel
Regie: Elert Bode
Ausstattung: Maleen Pacha · Günter von Wyhl

Peter Shaffer
Amadeus
Regie: Gerhard Klingenberg
Ausstattung: Jörg Zimmermann
Gastspielserie Euro-Studio Landgraf

Friedrich Dürrenmatt
Achterloo
Regie: Jutta Wachsmann
Ausstattung: Barbara Krott

Leo Tolstoi
Geschichte eines Pferdes
Regie: Henryk Tomaszewski
Ausstattung: Jürgen Kötter
Gastspielserie Euro-Studio Landgraf

Arthur Schnitzler
Komtesse Mizzi / Das Bacchusfest
Regie: Wolfgang Glück
Ausstattung: Thomas Pekny
Gastspielserie Münchner Tournée

Mark Medoff
Gottes vernachlässigte Kinder
Regie: Daniel Freudenberg
Gastspiel Düsseldorfer Schauspielhaus

1985 / 1986

Foto oben:
Volkmar Olms · Joachim Kerzel ·
Pia Hänggi · Wilm Roil
in »Musik«

Foto unten:
Karl Friedrich · Susanne Peter
in »Die Dreigroschenoper«

▶▶ Foto Seite 107:
Heidemarie Rohweder · Karl Menrad
in »Bis zum Äußersten«

Bertolt Brecht
Die Dreigroschenoper
Regie: Peter von Wiese
Musikalische Leitung: Ladislav Gerhardt
Ausstattung: Barbara Krott

August Strindberg
Todestanz
Regie: August Everding
Ausstattung: Thomas Pekny
Gastspielserie Münchner Tournée

Walter Hasenclever
Münchhausen
Regie: Elert Bode
Ausstattung: Helga Schwartzkopff

Frank Wedekind
Musik
Regie: Claus Landsittel
Ausstattung: Barbara Krott

William Mastrosimone
Bis zum Äußersten
Regie: Lis Verhoeven
Ausstattung: Barbara Krott

Hans Magnus Enzensberger
Der Menschenfeind
Regie: Claus Landsittel
Ausstattung: Maleen Pacha · Günter von Wyhl

Max Frisch
Biografie: Ein Spiel
Regie und Ausstattung:
Klaus Engeroff

1986 / 1987

Foto:
Hannes Fischer · Wolfgang Condrus
Heinz Kipfer · Sigrid Rautenberg ·
Karl-Heinz Butzen
in »Die Bauernoper«

▶▶ Foto Seite 109:
Cornelia Bernoulli · Will Quadflieg
in »Vor Sonnenuntergang«

Martin Walser
Ein fliehendes Pferd
Regie: Claus Landsittel
Ausstattung: Barbara Krott

Yaak Karsunke und Peter Janssens
Die Bauernoper
Regie: Peter Lüdi
Musikalische Leitung: Mario Beretta
Ausstattung: Helga Schwartzkopff

William Shakespeare
Wie es euch gefällt
Regie: Peter von Wiese
Ausstattung: Barbara Krott

Jerome Kilty
Geliebter Lügner
Regie: Elert Bode

Walter Jens
Die Friedensfrau
Regie: Jutta Wachsmann
Ausstattung: Helga Schwartzkopff

Gerhart Hauptmann
Vor Sonnenuntergang
Regie: Imo Moszkowicz
Gastspielserie Euro-Studio Landgraf

Jean Anouilh
Der Walzer der Toreros
Regie: Elert Bode
Ausstattung: Barbara Krott

1987 / 1988

Foto oben:
Reinhart von Stolzmann ·
Rainer Goernemann
in »Betrogen«

Foto unten:
Toni Bräuhäuser · Hans Treichler
in »Onkel Wanja«

▶▶ Foto Seite 111 oben:
Manuela Romberg · Alf André
in »Kabale und Liebe«

▶▶ Foto Seite 111 unten:
Joerg Kaehler · Renate Heilmeyer
in »Unsere kleine Stadt«

Peter Hacks
Amphitryon
Regie: Klaus Engeroff
Ausstattung: Helga Schwartzkopff

Thornton Wilder
Unsere kleine Stadt
Regie: Claus Landsittel
Ausstattung: Barbara Krott

Friedrich Dürrenmatt
Der Meteor
Regie: Elert Bode
Ausstattung: Gert B. Venzky · Rita Fellmann

Friedrich Schiller
Kabale und Liebe
Regie: Peter Lüdi
Ausstattung: Helga Schwartzkopff

Slawomir Mrozek
Tango
Regie: Peter von Wiese
Ausstattung: Maleen Pacha · Günter von Wyhl

Harold Pinter
Betrogen
Regie: Hans-Joachim Heyse
Ausstattung: Ottowerner Meyer

Anton Tschechow
Onkel Wanja
Regie: Peter von Wiese
Ausstattung: Barbara Krott

1988 / 1989

Foto oben:
Pierre Franckh · Michael Stobbe
in »Die Jungens nebenan«

Foto unten:
Walter Ruch · Hans Korte
in »John Gabriel Borkman«

▶▶ Foto Seite 113:
Tilman Madaus · Hannes Fischer ·
Elert Bode · Winfried Stahlke
in »Endspurt«

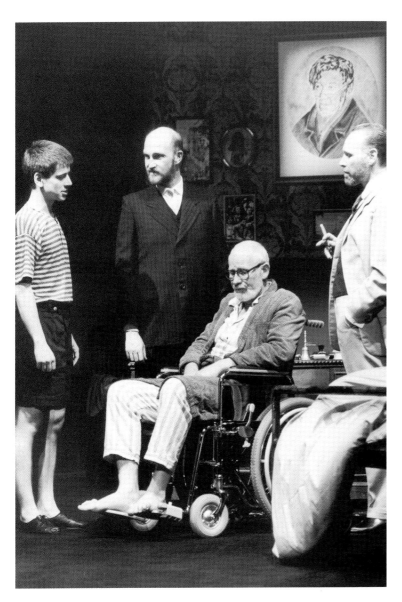

Carl Zuckmayer
Der Hauptmann von Köpenick
Regie: Peter Lüdi
Ausstattung: Helga Schwartzkopff

Deutschsprachige Erstaufführung
Tom Griffin
Die Jungens nebenan
Regie: Peter von Wiese
Ausstattung: Gert B. Venzky · Gabriele Maier

William Shakespeare
Der Widerspenstigen Zähmung
Regie: Peter von Wiese
Ausstattung: Christof Heyduck

Henrik Ibsen
John Gabriel Borkman
Regie: Hans Korte
Ausstattung:
Gert B. Venzky · Annemarie Rieck-Pickl

Deutschsprachige Erstaufführung
Neil Simon
Biloxi Blues
Regie: Claus Mayer
Ausstattung: Barbara Krott

Christopher Hampton
Gefährliche Liebschaften
Regie: Klaus Engeroff
Ausstattung: Helga Schwartzkopff

Peter Ustinov
Endspurt
Regie: Elert Bode
Ausstattung: Barbara Krott

1989 / 1990

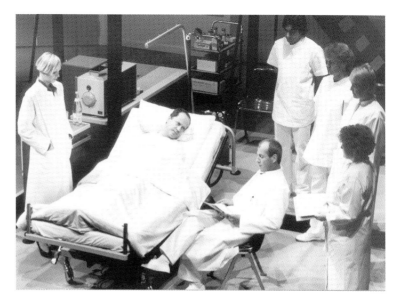

Foto oben:
Cornelia Hudl · Reinhart von Stolzmann ·
Joerg Adae · Manuel E. Jendry ·
Hans-Peter Messner · Friedel Langreder ·
Erika Ussat
in »Ist das nicht mein Leben?«

Foto unten:
Susanne Herlet · Susanne Tremper
in »Torquato Tasso«

▶▶ Foto Seite 115:
Michael Rüth · Michael Lerchenberg
in »Die Nashörner«

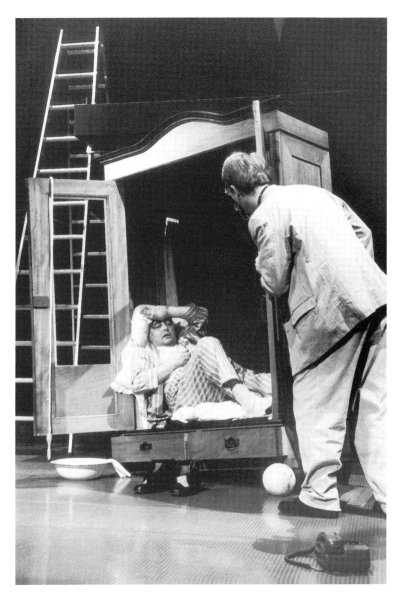

Arthur Schnitzler
Der Reigen
Regie: Fritz Zecha
Ausstattung: Gert B. Venzky · Jutta Brandau

Brian Clark
Ist das nicht mein Leben?
Regie: Peter von Wiese
Ausstattung: Gert B. Venzky · Gabriele Maier

William Shakespeare
Viel Lärm um nichts
Regie: Klaus Engeroff
Ausstattung: Helga Schwartzkopff

Eugène Ionesco
Die Nashörner
Regie: Peter Lüdi
Ausstattung: Barbara Krott

Johann Wolfgang von Goethe
Torquato Tasso
Regie: Hans-Joachim Heyse
Ausstattung: Ottowerner Meyer

Gerhart Hauptmann
Die Ratten
Regie: Peter von Wiese
Ausstattung: Christof Heyduck

Deutschsprachige Erstaufführung
Jean Anouilh
**La Culotte oder
Die befreiten Frauen**
Regie: Elert Bode
Ausstattung: Thomas Pekny

1990 / 1991

Foto:
Karl Friedrich · Wolfgang Condrus
in »Der Preis«

▶▶ Foto Seite 117:
Christian Fischer · Raphaela Dell
in »Christinas Heimreise«

Hugo von Hofmannsthal
Christinas Heimreise
Regie: Peter Lüdi
Ausstattung: Maroine Dib

Peter Nichols
Ein Tag im Sterben von Joe Egg
Regie: Peter von Wiese
Ausstattung: Gert B. Venzky · Gabriele Maier

William Shakespeare
Die lustigen Weiber von Windsor
Regie: Jutta Wachsmann
Ausstattung: Helga Schwartzkopff

Henrik Ibsen
Nora oder Ein Puppenheim
Regie: Jürgen Kaizik
Ausstattung: Anna Prankl

Friedrich Dürrenmatt
Romulus der Große
Regie: Elert Bode
Ausstattung: Barbara Krott

Arthur Miller
Der Preis
Regie: Hans-Joachim Heyse
Ausstattung: Gert B. Venzky · Gabriele Maier

Heinrich von Kleist
Amphitryon
Regie: Jürgen Kaizik
Ausstattung: Friedrich Despalmes

A. R. Gurney
Love Letters
Regie: Elert Bode

1991 / 1992

Foto:
Hans Korte · Miroslav Nemec
in »Der Snob«

▶▶ Foto Seite 119:
Peter Rißmann · Dieter Eppler
in »Die zwölf Geschworenen«

Eduardo de Filippo
Die Kunst der Komödie
Regie: Peter von Wiese
Ausstattung: Christof Heyduck

Carl Sternheim
Der Snob
Regie: Hans Korte
Ausstattung:
Gert B. Venzky · Annemarie Rieck-Pickl

William Shakespeare
Ende gut – alles gut
Regie: Hans-Joachim Heyse
Ausstattung: Ottowerner Meyer

Reginald Rose / Horst Budjuhn
Die zwölf Geschworenen
Regie: Wolfgang Schön
Ausstattung: Ekkehard und Marte Kröhn

Peter Turrini
Der tollste Tag
Regie: Martin Trautwein
Ausstattung: Barbara Krott

Dylan Thomas
Unter dem Milchwald
Regie: Marion Poppenborg
Ausstattung: Helga Schwartzkopff

Bob Larbey
Schon wieder Sonntag
Regie: Elert Bode
Ausstattung: Gert B. Venzky · Rita Fellmann

1992 / 1993

Foto oben:
Ulrike Barthruff · Elfriede Kuzmany
in »Bernarda Albas Haus«

Foto unten:
Reinhart von Stolzmann · Johanna Liebeneiner
in »Die Zimmerschlacht«

▶▶ Foto Seite 121 oben:
Karin Boyd · Michael Holz
in »Die Ehe des Herrn Mississippi«

▶▶ Foto Seite 122 unten:
Erika Ussat · Hans-Peter Messner · Alf André
in »Die Heiratsvermittlerin«

Friedrich Dürrenmatt
Die Ehe des Herrn Mississippi
Regie: Dieter Kehler
Ausstattung: Barbara Krott

Federico Garcia Lorca
Bernarda Albas Haus
Regie: Jutta Wachsmann
Ausstattung: Helga Schwartzkopff

Thornton Wilder
Die Heiratsvermittlerin
Regie: Peter von Wiese
Ausstattung: Barbara Krott

Martin Walser
Die Zimmerschlacht
Regie: Hans-Joachim Heyse
Ausstattung: Gert B. Venzky · Rita Fellmann

Jean Anouilh
Jeanne oder Die Lerche
Regie: Elert Bode
Ausstattung: Barbara Krott

Arthur Miller
Alle meine Söhne
Regie: Martin Trautwein
Ausstattung: Gert B. Venzky · Gabriele Maier

Woody Allen
Mittsommernachts-Sex-Komödie
Regie: Marion Poppenborg
Ausstattung: Friedrich Despalmes

1993 / 1994

Foto:
Maria Wiecke · Hans Korte
in »Der Vater«

▶▶ Foto Seite 123:
Antje Hagen
in »Der Biberpelz«

Molière
Die Schule der Frauen
Regie: Martin Trautwein
Ausstattung: Ottowerner Meyer

Vilma Hollingberry
Ist heute der Tag?
Regie: Wolfgang Schön
Ausstattung: Ekkehard und Marte Kröhn

Gerhart Hauptmann
Der Biberpelz
Regie: Peter von Wiese
Ausstattung: Christof Heyduck

August Strindberg
Der Vater
Regie: Hans Korte
Ausstattung:
Gert B. Venzky · Annemarie Rieck-Pickl

Friedrich Hochwälder
Der öffentliche Ankläger
Regie: Hans-Joachim Heyse
Ausstattung: Gert B. Venzky · Gabriele Maier

Carl Sternheim
Die Kassette
Regie: Peter von Wiese
Ausstattung: Barbara Krott

Deutschsprachige Erstaufführung
Herb Gardner
Sandburgen
Regie: Elert Bode
Ausstattung: Barbara Krott

1994 / 1995

ALTES SCHAUSPIELHAUS

Foto:
Peter Rißmann · Hans-Uwe Klügel
in »Draußen vor der Tür«

▶▶ Foto Seite 125 oben:
Susanne Batteux · Johanna Hanke
Jürgen Thormann
in »Nathan der Weise«

▶▶ Foto Seite 125 unten:
Viola Weissner · Hans-Joachim Heyse
in »Tod eines Handlungsreisenden«

Pam Gems
Piaf
Regie: Pierre Léon
Ausstattung: Barbara Krott

Arthur Miller
Tod eines Handlungsreisenden
Regie: Hans-Joachim Heyse
Ausstattung: Reinhard Wolff · Kerstin Giulini

E. M. Labiche / Botho Strauß
Das Sparschwein
Regie: Peter von Wiese
Ausstattung: Barbara Krott

James Saunders
Ein Duft von Blumen
Regie: Elert Bode
Ausstattung: Barbara Krott

Gotthold Ephraim Lessing
Nathan der Weise
Regie: Martin Trautwein
Ausstattung: Barbara Krott

Wolfgang Borchert
Draußen vor der Tür
Regie: Marion Poppenborg
Ausstattung: Heidrun Schmelzer

Eberhard Streul
Die Sternstunde des Josef Bieder
Regie: Reinhart von Stolzmann
Ausstattung: Heidi von Stolzmann

Neil Simon
Sonny Boys
Regie: Peter von Wiese
Ausstattung: Gert B. Venzky · Kerstin Giulini

1995 / 1996

Foto oben:
Ensemble »Andorra«

Foto unten:
Mary Harper · Bernd Lambrecht
in »Stuttgart, oh Stuttgart«

▶▶ Foto Seite 127 oben:
Boris Eder
in »Amadeus«

▶▶ Foto Seite 127 unten:
Matthias Oelrich · Marlise Brülhart ·
Ulrike Barthruff · Reinhart von Stolzmann
in »Nicht Fisch, nicht Fleisch«

Peter Shaffer
Amadeus
Regie: Wolfgang Schön
Ausstattung: Ekkehard und Marte Kröhn

Franz Xaver Kroetz
Nicht Fisch, nicht Fleisch
Regie: Hans-Joachim Heyse
Ausstattung: Gert B. Venzky · Kirsten Lock

Oscar Wilde / Constance Cox
Die feine englische Art
Regie: Elert Bode
Ausstattung: Barbara Krott

Henrik Ibsen / Rainer Erler
Ein Volksfeind
Regie: Wolfgang Schön
Ausstattung: Ekkehard und Marte Kröhn

Frank Marcus
Schwester George muss sterben
Regie: Peter von Wiese
Ausstattung: Gert B. Venzky · Kirsten Lock

Klaus Chatten
Unser Dorf soll schöner werden
Regie: Heinz Engels
Gastspiel der Nordtour GmbH

Max Frisch
Andorra
Regie: Martin Trautwein
Ausstattung: Friedrich Despalmes

Uraufführung
Edwin Friesch
Stuttgart, oh Stuttgart
Regie: Hansjörg Hack
Musikal. Leitung: Albrecht Fischer
Ausstattung: Barbara Krott

1996 / 1997

Foto:
Karin Kraft
in »Iphigenie auf Tauris«

▶▶ Foto Seite 129 oben:
Nina Kolaczek · Björn-Tilo Kraft
in »Die heilige Johanna«

▶▶ Foto Seite 129 unten:
Martin Dudeck
in »Die Räuber«

Friedrich Schiller
Die Räuber
Regie: Jutta Wachsmann
Ausstattung: Helga Schwartzkopff

Arthur Miller
Scherben
Regie: Hans-Joachim Heyse
Ausstattung: Gert B. Venzky · Nicola Stahl

Ludwig Thoma
Moral
Regie: Peter von Wiese
Ausstattung: Barbara Krott

Johann Wolfgang von Goethe
Iphigenie auf Tauris
Regie: Marion Poppenborg
Ausstattung: Heidrun Schmelzer

George Bernard Shaw
Die heilige Johanna
Regie: Elert Bode
Ausstattung: Barbara Krott

Hansjörg Schneider /
Christa Riegraf
Der Irrläufer
Regie: Astrid Windorf
Ausstattung: Ekkehard und Marte Kröhn

Walter Hasenclever
Ein besserer Herr
Regie: Jürgen Thormann
Ausstattung: Barbara Krott

1997 / 1998

Foto oben:
Wolf Dieter Tropf · Karin Boyd
in »Antigone in New York«

Foto unten:
Joerg Adae · Susan Dumas ·
Reinhart von Stolzmann · Werner Ziebig
in »Feuerwerk«

▶▶ Foto Seite 131:
Tanja Schupnek · Lorenz Schirren
in »Minna von Barnhelm«

Gotthold Ephraim Lessing
Minna von Barnhelm
Regie: Jutta Wachsmann
Ausstattung: Pascale Arndtz · Nicola Stahl

Janusz Glowacki
Antigone in New York
Regie: Lis Verhoeven
Ausstattung: Jörg Domenik

Paul Burkhard
Das Feuerwerk
Regie: Hansjörg Hack
Musikal. Leitung: Albrecht Fischer
Ausstattung: Barbara Krott

Bertolt Brecht
Leben des Galilei
Regie: Martin Trautwein
Ausstattung: Friedrich Despalmes

Henrik Ibsen
Gespenster
Regie: Hans-Joachim Heyse
Ausstattung: Ekkehard und Marte Kröhn

Jeff Baron
Besuch bei Mr. Green
Regie: Elert Bode
Ausstattung: Gert B. Venzky · Nicola Stahl

Molière
Amphitryon
Regie: Pierre Léon
Ausstattung: Barbara Krott

1998 / 1999

Foto oben:
Reinhard von Hacht · Karin Boyd
in »Der Freigeist«

Foto unten:
Hans-Joachim Heyse ·
Antje Brauner · Wolf Dieter Tropf
in »Was ihr wollt«

▶▶ Foto Seite 133 oben:
Evamaria Salcher · Nils Weyland
in »Hermann und Dorothea«

▶▶ Foto Seite 133 unten:
Norbert Ghafouri · Armin Jung ·
Heinz Trixner
in »Der Fall Furtwängler«

Friedrich Dürrenmatt
Der Besuch der alten Dame
Regie: Jutta Wachsmann
Ausstattung: Pascale Arndtz · Nicola Stahl

Ronald Harwood
Der Fall Furtwängler
Regie: Heinz Trixner
Ausstattung: Andreas Lungenschmid

William Shakespeare
Was ihr wollt
Regie: Hans-Joachim Heyse
Ausstattung: Ekkehard und Marte Kröhn

Johann Wolfgang von Goethe / Ludwig Berger
Hermann und Dorothea
Regie: Elert Bode
Ausstattung: Hans Könemund · Nicola Stahl

Jean Anouilh
**General Quixotte oder
Der verliebte Reaktionär**
Regie: Elert Bode
Ausstattung: Barbara Krott

Eric-Emmanuel Schmitt
Der Freigeist
Regie: Paul Bäcker
Ausstattung: Pascale Arndtz · Nicola Stahl

Max Frisch
**Biedermann und die Brandstifter /
Die große Wut des Philipp Hotz**
Regie: Astrid Windorf
Ausstattung: Barbara Krott

1999 / 2000

Foto oben:
Markus Gehrlein · Monika Goll ·
Cornelia Hampen
in »Mutter Courage und ihre Kinder«

Foto unten:
Günther Seywirth · Nils Weyland ·
Peter Rißmann · Peter Singer · Joerg Adae ·
Sabine Kistler · Christina Puciata
in »Top Dogs«

▶▶ Foto Seite 135:
Alexandra Maetz · Karl-Jürgen Sihler
in »Ein idealer Gatte«

Martin Walser
In Goethes Hand
Regie: Klaus Dieter Wilke
Ausstattung: Pascale Arndtz · Nicola Stahl

Urs Widmer
Top Dogs
Regie: Volkmar Kamm
Ausstattung: Ekkehard und Marte Kröhn

Oscar Wilde
Ein idealer Gatte
Regie: Elert Bode
Ausstattung: Barbara Krott

George O'Darkney
Die Blinden von Kilcrobally
Regie: Volkmar Kamm
Ausstattung: Andreas Lungenschmid

Bertolt Brecht
Mutter Courage und ihre Kinder
Regie: Jutta Wachsmann
Ausstattung: Pascale Arndtz · Nicola Stahl

Karl Gassauer
Casanova auf Schloss Dux
Regie: Elert Bode
Ausstattung: Barbara Krott

Thaddäus Troll
Der Entaklemmer
Regie: Frank Hellmund
Ausstattung: Gert B. Venzky · Nicola Stahl

2000 / 2001

Foto:
Günther Seywirth · Reinhart von Stolzmann
in »Tartuffe«

▶▶ Foto Seite 137 oben:
Andrea Hörnke-Trieß · Michael Baral
in »Schattenleben«

▶▶ Foto Seite 137 unten:
Monika Goll
in »Die Neuberin«

Heinrich von Kleist
Prinz Friedrich von Homburg
Regie: Jutta Wachsmann
Ausstattung: Pascale Arndtz · Nicola Stahl

George Bernard Shaw
Don Juan in der Hölle
Regie: Elert Bode
Ausstattung: Friedrich Despalmes

Richard Brinsley Sheridan /
Wolfgang Hildesheimer
Rivalen
Regie: Klaus Dieter Wilke
Ausstattung: Barbara Krott

Alexander Galin
Einmal Moskau und zurück
Regie: Elert Bode
Ausstattung: Gert B. Venzky · Nicola Stahl

Günther Weisenborn
Die Neuberin
Regie: Volkmar Kamm
Ausstattung: Ekkehard und Marte Kröhn

Uraufführung
Joe O'Byrne
Schattenleben
Regie: Paul Bäcker
Ausstattung: Barbara Krott

Molière
Tartuffe
Regie: Volkmar Kamm
Ausstattung: Andreas Lungenschmid

2001 / 2002

Foto:
Kristin Zein · Gaby Herbst ·
Dinah Politiki
in »Von Haus zu Haus«

▶▶ Foto Seite 139:
Armin Jung · Antonia Linder ·
Neshe Demir · Nils Weyland
in »Die Irre von Chaillot«

Jean Giraudoux
Die Irre von Chaillot
Regie: Volkmar Kamm
Ausstattung: Konrad Kulke

Deutschsprachige Erstaufführung
James Sherman
Von Haus zu Haus
Regie: Claudia Borowy
Ausstattung: Pascale Arndtz · Nicola Stahl

Herbert Asmodi
Geld
Regie: Klaus Dieter Wilke
Ausstattung: Pascale Arndtz · Nicola Stahl

Deutschsprachige Erstaufführung
Ronald Harwood
Quartetto
Regie: Volkmar Kamm
Ausstattung: Gert B. Venzky · Nicola Stahl

Heinrich von Kleist
Der zerbrochne Krug
Regie: Hans-Joachim Heyse
Ausstattung: Ekkehard und Marte Kröhn

Arthur Miller
Ein Blick von der Brücke
Regie: Paul Bäcker
Ausstattung: Ekkehard und Marte Kröhn

Walter Hasenclever
Münchhausen
Regie: Elert Bode
Ausstattung: Barbara Krott

Fahrendes Volk

22 Produktionen des Alten Schauspielhauses und der Komödie im Marquardt wurden während der Intendanz Elert Bodes auch auf Gastspielreisen gezeigt. 1220 Vorstellungen spielten seine Ensembles in der ganzen Bundesrepublik und im deutschsprachigen Ausland.

Stuttgarter »Komödianten« 1992 im historischen Stadttheater in Kaufbeuren v.l.n.r. Karl-Heinz Butzen · Ernst von Kraus · Viola Weissner · Elert Bode · Antje Hagen · Martina Ebner · Ebba Reiter · Lorenz Schirren · Nils Weyland

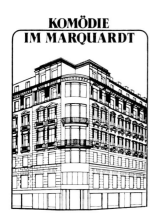

Komödien auf dem Bildschirm

Ein Millionen-Publikum erreichten die Fernseh-Ausstrahlungen, teilweise mehrfach wiederholt, von Inszenierungen der Komödie im Marquardt:
»Liebling, ich bin da« (ZDF 1977/78), »Ferien für Jessica« (ZDF 1978/79), »Ich dachte, Sie sind mein Mann« (HR 1979/80), »Heilig's Blitzle« (SDR 1985/86), »Sei still, Kerle« (SDR 1986/87), »'s elektrisch Herz« (SDR 1991/92), »A schöne Bescherung« (SDR 1995/96), »D'r verkaufte Großvater« (SDR 1996/97) und »Ab heut' wird g'spart!« (SDR 1997/98).

Ulla Jacobsson und Herbert Bötticher in »Liebling, ich bin da!« von Jack Popplewell Regie: Wolfgang Glück Ausstattung: Maleen Pacha · Günter von Wyhl

ELERT BODE:
GLÜCK GEHABT!

Noch heute, 23 Jahre später, schmerzen mich die publizistischen Prügel, welche mir ein in öffentlicher Diskussionsrunde formuliertes Lob der schwäbischen Kulturbürokraten eintrugen; Schmerz deshalb, weil ich sie nach meinem Selbstverständnis unverdient einstecken musste. Allein um Sachlichkeit bemüht, hatte ich wahrlich nicht im Sinn, mich auf diese Weise Politikern oder Administratoren für höhere Intendanten-Weihen zu empfehlen. Wohltuend war in dieser Situation ein Brief aus dem Kultusministerium Baden-Württembergs, vom damaligen Leiter der Kunst-Abteilung, dem Ministerialdirigenten Dr. Dr. Hannes Rettich, diktiert, der mich liebenswürdig aufklärte, dass eine so leichtsinnige Laudatio ein grausames Echo im Blätterwalde finden musste.

Was war mir vorzuwerfen? Gepriesen hatte ich die energisch liberale kulturpolitische Praxis, die ich, 1970 aus Nordrhein-Westfalen zugewandert, schon unter seinem Amtsvorgänger Wolf Donndorf erfahren hatte; beschrieben hatte ich die Förderpraxis im Lande, welche, ohne die staatlichen Bühnen in Stuttgart und Karlsruhe unangemessen knapp zu halten, beispielhaft dezentral ausgerichtet war, indem 40 Prozent der Stadttheater-Etats aus dem Landessäckel finanziert wurden – bei konsequenter Respektierung der Eigenständigkeit der Bühnen und ihrer Rechtsträger. Ich hatte somit lediglich der Wahrheit die Ehre gegeben.

Meiner Arbeit und mir ging es gut, genauso den Mitarbeitern der Württembergischen Landesbühne, für die ich von 1970 bis 1976 verantwortlich war; nicht anders erlebte ich anschließend Stuttgart als Intendant der Komödie im Marquardt, berufen noch in der Aera des verdienstvollen Kulturreferenten Professor Dr. Hans Schumann, die seinerzeit allein von der Stadt gefördert wurde.

Gewiss leisteten wir dazu unsere Beiträge, indem wir ernsthaft unsere Arbeit taten, vernünftig mit dem Geld umgingen und uns um einen ordentlichen Anteil an eigenen Einnahmen bemühten, indem wir mit vielen Vorstellungen viele Besucher zu erreichen suchten.

Dem mittlerweile Achtundsechzigjährigen dürften keine Karriere-Ambitionen mehr übel nachzureden sein, so dass ich ungehemmt auf diesen Seiten eine Position vertreten kann, die sich unterm Strich möglicherweise deutlich absetzt gegen die Erfahrungen, welche meine Kollegen zu beschreiben haben. Ich unternehme also so etwas wie einen Ausbruch aus dem Chor der Kläger.

Was mir in meinen 45 Theaterleiter-Jahren den Umgang mit Personen und Institutionen erleichterte, die künstlerisch wirkende Menschen oft nur als geborene Gegner zu begreifen vermögen, war die harte Lehrzeit als Gründer und Intendant der Westfälischen Kammerspiele in Paderborn, in der ich täglich die Grundrechenarten trainieren musste, Buchhaltung und Lohnabrechnungen besorgte, die Fähigkeit und Bereitschaft erwarb, nicht nur den eigenen Haushaltsplan zu lesen.

Am Rande: Eben das zuletzt erwähnte Talent ließ mich bei der Ulmer Intendantenwahl 1965 scheitern, da der jugendliche Bewerber den Stadtvätern zu »nüchtern« war.

Aber diese Nüchternheit habe ich mir konsequent bewahrt. Sie hat mir sicher geholfen, mich im Spannungsfeld von Kulturpolitik und Kulturinstitut zu behaupten; wir haben einander zu verstehen versucht, gegensätzliche Positionen respektiert und angeglichen. Und das, was ich keineswegs allein meinem Konto gutschreibe, aufrechten Ganges. Gebeugt, wenn überhaupt, hat mich nur die Lebenszeit, nicht die Intendanten-Bürde.

Ohne Kostüm und Maske:
Elert Bode

Da die Verhältnisse nicht eben leichter geworden sind, ist es wichtiger denn je zuvor, auf beiden Seiten die Dialog-Fähigkeit zu üben und zu bewahren. Es schadet endlich nur der gemeinsamen Sache, wenn wir Theatermacher uns als auserwählt und die Gewählten, Beamte oder Politiker, als Widersacher empfinden, mit denen zu reden keinen rechten Sinn hat. In diesem Zusammenhang verbindet sich mit der notwendigen Nüchternheit eine gute Portion Stehvermögen und Ehrlichkeit.

Dieses Prinzip hat der Verfasser im zarten Alter von 23 Jahren, angetreten 1957 als erster Theatergründer in der über 1000-jährigen Geschichte der Stadt Paderborn, durchaus schon mit einigem Erfolg umgesetzt. Sein Startkapital bestand aus sage und schreibe 200,– DM. Der hochgemuten Ambition musste angesichts der mehr als schmalen ökonomischen Basis, zumal die erste Produktion, *Korczak und die Kinder* von Erwin Sylvanus, die theaterfremden Paderstädter in bestenfalls zweistelligen Zahlen an die Kasse lockte, sehr bald die Luft ausgehen. Aber ein verständnisvoller Bürgermeister, Tölle hieß er, ein Sparkassen-Rendant a. D., griff mir knapp zwei Monate nach der Premiere am Ende eines von mir wohl überzeugend bestrittenen Dialogs mit einem 1000-Mark-Schein unter die schwachen Arme.

Auf einen solchen Betrag musste das im November 1958, also exakt ein Jahr später, gegründete Theater der Altstadt in Stuttgart sehr lange warten. Im Mai 1960 erhielt es den ersten städtischen Bewilligungsbescheid, der genau 1000,– DM, zu überweisen im September, verhieß, obwohl Heydenreich und seinen jungen Mimen das Wasser permanent bis zum Halse stand.

So sparsam waren einstmals die Schwaben, die gegenwärtig immer noch ihre Kleintheater mit Beträgen bis zu einer Million und mehr alimentieren, was auch in sonnigeren Zeitläuften in anderen Großstädten der Republik keine Nachahmer fand.

Dagegen lebten wir, um zu den Anfängen meiner Kammerspiele zurückzukehren, am Ende der fünfziger Jahre in Ostwestfalen nahezu im Schlaraffenland, denn schon zu Beginn des zweiten Spieljahres haben uns in gemeinsamer Anstrengung Stadt, Kreis und Land 30.000,– DM zukommen lassen.

Habe ich nicht noch heute allen Grund zur Lobpreisung meiner Partner in den Kulturamtsstuben an Pader und Rhein?

Mit Hilfe des Landes baute die Stadt Paderborn den Kammerspielen ein veritables 240-Plätze-Theater, das wir nach neun Spieljahren in mehr oder minder erfreulichen räumlichen Provisorien im September 1968 bezogen. Damit hielt ich mein »Jugendwerk« für vollendet und zog zwei Jahre später gen Süden. 1969/70, in meiner Abschieds-Spielzeit, war unsere Subvention auf ansehnliche 284.000,– DM geklettert, während »gleichaltrige« Unternehmungen wie die »Tonne« in Reutlingen mit 36.000,– DM, das Tübinger Zimmertheater mit 85.000,– DM und das mehrfach erwähnte Altstadt-Theater mit 23.500,– DM agieren mussten.

Weder Differenzen mit meinen Kultur-Oberen – ich erinnere mich dankbar der Paderborner Stadtdirektoren Leidinger und Ferlings, des Düsseldorfer Theater-Ministerialen Becker – noch frustrierendes Nagen am Hungertuch hatten mich zum Wechsel ins

schöne Land der Schwaben getrieben, sondern allein der Reiz einer frischen Herausforderung.

Und eine solche hatte ich mir aufgeladen, da sich die in Esslingen beheimatete Württembergische Landesbühne 1970 in einem recht desolaten Zustand befand. Sie war finanziell ins Schleudern geraten, das Publikum der Stadt auf deutliche Distanz zu seinem Theater gegangen, verlorene Gastspielorte mussten zurückgewonnen werden. Dieses Problem-Paket wurde überraschend schnell bewältigt im gemeinsamen Engagement der Theatermacher und des für uns vorrangig zuständigen Kultusministeriums, das auch das vom Esslinger Oberbürgermeister heftig bekämpfte und höchst unpopuläre »Begräbnis« der musikalischen Sparte der WLB konsequent und loyal mitgetragen hat.

Höhere Fügung, wie will ich es anders nennen, hatte mich nach meinen Dialog-Partnern nördlich des Mains in der Person Hannes Rettichs mit einem Kultur-Verwalter rarsten und reinsten Schlages konfrontiert. Ich kann mich keiner Frage erinnern, die er nicht kompetent, offen, zupackend beantwortete. Und so wurden auch in heiklen Situationen, an denen es nicht mangelte, immer der Theaterarbeit förderliche Lösungen gefunden; für die mir anvertraute WLB wie für alle anderen Bühnen im Lande, kleine wie große, die jederzeit mit der Landesbehörde störungsfrei kommunizierten.

Angesichts dieser Verhältnisse war mein Wechsel in die Intendanz des Stuttgarter Komödienhauses 1976 kein Fluchtverhalten, sondern allein der Versuch des Mittvierzigers, sich endlich auch in der Großstadt zu bewähren.

Ernsthafte Probleme, die Konfliktstoff in die Zusammenarbeit mit der kommunalen Kulturverwaltung hätten tragen können, gab es dort über acht Jahre nicht. Sie stellten sich erst, aber da massiv, im Zuge der Wiederbelebung des nach jahrzehntelanger Schließung aufwendig renovierten Alten Schauspielhauses. Aber wieder einmal bewährte sich der Wille zu einiger Haltung und zum gemeinsamen Handeln, der uns die Schwierigkeiten zu bewältigen half und zum erfreulich andauernden Erfolg auch dieses Hauses führte. Damals, 1984/85, ressortierte die Kultur noch bei Oberbürgermeister Rommel selbst, ihm (und mir) zur Seite stand in diesem Neubeginn sein damaliger persönlicher Referent und Nachfolger im Amt seit 1996: Dr. Wolfgang Schuster, der sich mit Theater nicht nur am Schreibtisch, sondern auch im Parkett auseinanderzusetzen bereit ist.

Ich versichere an Eides statt: »Everybodys Darling« war nie mein Rollenfach. Und das musste ich an keinem Ort und zu keiner Zeit verleugnen. Nie hatte ich Veranlassung, mich gegen unsittliche Versuche der Einflussnahme in den künstlerischen Bezirken zu wehren. Spielplan- und Personal-Entscheidungen blieben im Dialog mit Verwaltung und Politik immer tabu. Diese Behauptung ist mit Namen zu belegen. Ich habe sie genannt.

Da ich 39 meiner 45 Intendanten-Jahre in privatrechtlich organisierten Theatern tätig gewesen bin, blieb ein Problem mir quasi lebenslänglich treu: Der Zwang zur wirtschaftlichen Balance im Widerstreit von Wollen und Vermögen. Damit beschäftigte sich ausführlich mein 1982 in der *Deutschen Bühne* veröffentlichtes »Plädoyer für die Seiltänzer«. Bis heute bin ich (dem Himmel, Bürokraten und Politikern sei Dank) nicht abgestürzt.

Georg Hensel, unvergessener kritischer Liebhaber unserer Kunst, überschrieb seine Autobiographie mit den Worten: »Glück gehabt!« Mir fällt als mein Schlusswort nichts Besseres ein.

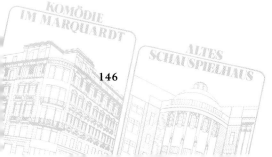

CARL PHILIP VON MALDEGHEM:
HIMMEL, WAS WERD' ICH SAGEN?

Himmel, was werd' ich sagen?
und wo fang ich an?
(Racine: Phädra)

Ein Porträt der Ära Bode als eine Stimme im Chor der Stuttgarter Theaterlandschaft, die diese über 25 Jahre mitgeprägt hat: so wurde mir das Projekt dieses Buches vorgestellt, verbunden mit der Einladung eines Epilogs, der gleichzeitig Prolog des Kommenden ist. Für diesen Vertrauensvorschuss danke ich. Und das Miteinander der Theater für das Publikum Stuttgarts und Baden-Württembergs halte ich bei aller Abgrenzung im Programm der Häuser für eine wichtige Verankerung.

Sieben Jahre trennen das Alte Schauspielhaus vom vollen Jahrhundert, im Jahre 1909 eröffnet, wird es 2009 seinen einhundertjährigen Geburtstag feiern können. Die Komödie gilt seit über 50 Jahren als Garant für unterhaltende Theaterabende. Nach 18 respektive 26 Jahren Intendanz Elert Bodes kann man seine Leistung, die beiden Häuser so erfolgreich in der Theaterlandschaft der Stadt und des Landes positioniert zu haben, nicht hoch genug einschätzen. In den Gesprächen, die ich in meiner Vorbereitungszeit mit Bürgerinnen und Bürgern der Stadt führten, haben viele die enge Verbundenheit mit beiden Theatern immer wieder zum Ausdruck gebracht, und für mich bedeutet dies Herausforderung und Verpflichtung zugleich.

Durch die Jahrzehnte hat sich das Alte Schauspielhaus als ein Theater entwickelt, das den Stuttgartern besonders am Herzen liegt, war es doch gerade nach 1945 über Jahre *das* Schauspielhaus Stuttgarts. Erst unlängst hat mir ein Schauspieler, der als junger Anfänger zusammen mit Elisabeth Flickenschildt und anderen Theaterlegenden auf der Bühne des Schauspielhauses gestanden hat, von diesen für ihn großen und prägenden Theatererfahrungen erzählt. Wenn er nun erneut zu uns kommt, schließt sich ein Kreis. Und wenn es uns gelingt, an diese Erlebnisse anzuknüpfen und unseren Besuchern ab und zu eine oder auch mehrere bewegende Theaterstunden zu schenken, haben wir unser Anliegen erreicht.

Ähnliches gilt für die Komödie im Marquardt. Die Liste der dort engagierten Schauspielerinnen und Schauspieler liest sich wie ein hochkarätiges »Who is Who« der deut-

Carl Philip von Maldeghem

schen Nachkriegsszene. Das Publikum hat seine Lieblinge, die Stücke und den ehemaligen Festsaal des Hotels Marquardt mit seinen klassischen roten Theatersesseln lieb gewonnen. Nach über 25 Jahren steht nun eine Renovierung an. Dabei legen wir Wert darauf, den speziellen Charme des Saales zu erhalten. Auch die neuen Sessel werden rot sein und selbst die alten Klappstühle bleiben erhalten. Gleichzeitig soll alles etwas moderner, lichter und zeitgemäßer sein, und wir hoffen, dass dies für unsere Gäste mehr Freude als Verdruss bedeuten wird.

Das Theater hat sich seit einigen Jahrzehnten als Medium und Kunstform aus einem Mittelpunkt der gesellschaftlichen bzw. kulturellen Aufmerksamkeit an den Rand gespielt. Symptomatisch ist dafür auch das unlängst von Joachim Kaiser beklagte Verschwinden des Feuilletons. Wenn es uns gelingt, diese Entwicklung zumindest aufzuhalten, wäre dies ein Erfolg.

In diesem Sinne wünschen wir uns, an die von den Stuttgartern seit Jahrzehnten geschätzte Tradition beider Häuser anzuknüpfen. Das Alte Schauspielhaus hat seit seiner Eröffnung gezeigt, dass es schon architektonisch ein hervorragendes Profil ermöglicht. Die Bühne lässt viele Genres zu: Sie hat neben Drama und Komödie auch oft das heitere Singspiel (heute Musical genannt) beherbergt. Es ist selten, dass eine Bühne sowohl das intime Kammerspiel als auch den raumgreifenden Klassiker aufnimmt: Das spannende Erzähltheater kann und soll hier zu Hause sein.

In der Komödie wird nach wie vor das Lachen in all seinen Facetten Programm sein. Dies bedeutet sowohl die freche Farce mit ihrer Dramaturgie der Türen als auch das eine oder andere nachdenkliche Stück, das zum Schmunzeln anregt, den schwäbischen Schwank ebenso wie die klassische Komödie eines Goldoni und Marivaux. Humor kann verblüffend vielfältig sein, und deswegen gestatten wir uns auch den Blick über die Grenzen zu unseren europäischen Nachbarn und deren Auffassung von Komik.

Die Entscheidung für den neuen Intendanten bedeutet vielleicht einen Generationenwechsel, aber keine Diskontinuität. Abo-System und En-suite-Spielbetrieb bleiben ebenso aufrechterhalten wie ein hoher Anspruch an den Spielplan und dessen Vielfalt. Unser Publikum wird natürlich neue Gesichter und Regiehandschriften kennen lernen können. Auch dies gehört zu einem Wechsel und macht auch dessen Reiz aus. Aber eine stattliche Anzahl der Schauspielerinnen und Schauspielern und einige Regisseure, die die Freunde des Alten Schauspielhauses und der Komödie im Marquardt kennen und schätzen gelernt haben, werden auch in der neuen Spielzeit vertreten sein. Dazu gehört, dies freut mich besonders, auch Elert Bode. Wer die Theaterszene kennt, weiß, dass ein Intendantenwechsel ohne Konflikte alles andere als eine Selbstverständlichkeit ist. Für unsere offenen Gespräche und die erfahrene Unterstützung bin ich deswegen sehr dankbar.

Ein sanfter Wandel also scheint sich anzubahnen. Die Autoren der Stücke, mit denen wir im Alten Schauspielhaus eröffnen, reichen vom immer aktuellen Theatergenie William Shakespeare über Dame Eileen Atkins, die faszinierend die Lebensentwürfe Vita Sackville Wests und Virginia Woolfs beschreibt, vorbei an Anouilh und Elton über die unsterblichen Melodien eines Cole Porter bis zu Friedrich Schiller, dem im Sinne eines »Hausautors« in den nächsten Jahren eine Reihe gewidmet werden soll.

Für die Komödie schreibt Monika Hirschle ein neues schwäbisches Stück, und wir gehen auf dramaturgische Reise, die uns von Deutschland über England und seinen schwarzen Humor, über den französischen Boulevard und seine feine Komik bis zu derben Späßen nach Italien führt. Nicht zu vergessen ist das Theater für Kinder: Der »Pumuckl« wird sein Unwesen in der Komödie treiben.

Diversität im Spielplan beider Theater scheint so gewährleistet, ebenso ein künstlerischer Anspruch, ohne Anbiederung, aber durchaus für unser Publikum gedacht.

So bleibt mir, auch für die Zukunft in unser »intimes und doch festliches Theaterchen« (so Hermann Missenharter im Jahre 1911) und die ab Sommer renovierte Komödie einzuladen.

NAMENREGISTER

Ackermann, Liselotte 36
Adae, Joerg 88, 92, 98, 114, 130, 134
Affolter, Therese 11, 15
Akutagawa, Ryunosuka 19
Allen, Woody 22, 69, 121
André, Alf 110, 120
Anouilh, Jean 8, 22, 45, 105, 109, 115, 121, 133, 149
Antlitz, Horst 51, 53, 55, 57, 59, 61, 65
Arndtz, Pascale 99, 131, 133, 135, 137, 139
Arrabal, Fernando 17
Asmodi, Herbert 65, 139
Asner, Hans Dieter 68, 76, 88
Atkins, Eileen 149
Axter, Lilly 18, 25
Axton, Charles B. 63, 67
Ayckbourn, Alan 63, 75

Bäcker, Paul 133, 137, 139
Baierle, Hugo 10
Baral, Michael 136
Barillet, Pierre 59, 79, 95
Baron, Jeff 8, 131
Barth, Lilo 36
Barthruff, Ulrike 84, 92, 120, 126

Bastians, Stefan 88
Batteux, Susanne 124
Bauer, Wolfgang 17
Beck, Martin 90
Becker, Dietrich 144
Beckett, Samuel 17
Beil, Hermann 11, 12
Bellon, Loleh 67
Benfield, Derek 65
Bennent, Anne 30
Bennent, David 25
Bennent, Heinz 25
Beretta, Mario 57, 59, 71, 109
Berg, Jochen 15
Berg, Sibylle 25
Berger, Ludwig 133
Berndl, Christa 30
Berner, Jan-Sandro 100
Bernhard, Thomas 9, 11, 35
Bernoulli, Cornelia 84, 108
Beth, Gunther 71, 89
Biederstaedt, Claus 56f., 60f., 66f., 71
Biermann, Wolf 9, 13, 32f.
Blessing, Dieter 32
Bobrick, Jeanne und Sam 91
Bode, Elert 7-10, 21-23, 25, 36, 42, 44f., 47, 50f., 53f., 64f., 73-77, 79, 81-83, 85,
91, 93, 101, 104f., 107, 109, 111-113, 115, 117, 119, 121, 123, 125, 127, 129, 131, 133, 135, 137, 139f., 143, 147, 149
Boll, Jutta 96
Bondy, Luc 30
Borchert, Wolfgang 125
Borowy, Claudia 97, 99, 139
Bosse, Jürgen 32, 34f., 38
Bötticher, Herbert 141
Bouchaud, Jean 77
Boyd, Karin 90f., 97, 120, 130, 132
Brandau, Jutta 115
Brandauer, Klaus Maria 36
Bräuhäuser, Toni 110
Brauner, Antje 132
Brecht, Bertolt 12, 19, 107, 131, 135
Breitfuß, Gottfried 39
Bricaire, Jean-Jacques 73
Britten, Benjamin 17
Brockmann, Katrin 98
Bronnen, Franziska 60
Bruckmeier, Stephan 25
Bruckner, Ferdinand 24
Brugger, Ellen 80, 98
Brülhart, Marlise 126

Brunner, Lore 15
Buchta, Wiltrud 51
Budjuhn, Horst 119
Bühr, Siegfried 30
Buhss, Werner 25
Bülow, Vico von 73
Burkhard, Paul 55, 131
Buser, Ruth 60
Bush-Fekete, Ladislaus 79
Busse, Jochen 9, 80
Butzen, Karl-Heinz 108, 140

Calderon de la Barca 10, 65
Campbell, Stella 7
Camus, Albert 13
Canaris, Volker 37
Carter, Jimmy 9
Chatten, Klaus 25, 127
Chereau, Patrice 9
Chesnot, Pierre 75, 83
Chodorow, Jerome 53
Christie, Agatha 9, 17
Churchill, Caryl 35
Churchill, Donald 51
Clark, Brian 115
Claus, Hugo 38
Cocteau, Jean 17
Colette 77
Collodi, Carlo 97

Condrus, Wolfgang 108, 116
Conradt, Volker 72, 84, 98
Cooney, Ray 89
Cooper, Gary 16
Courteline, Georges 11
Coward, Noël 55, 65, 97
Cox, Constance 127
Cranko, John 30
Cremer, Ludwig 9, 51

Dardel, Herbert 80
Dauner, Wolfgang 27
Dautzenberg, Dirk 51, 60f.
Dell, Raphaela 116
Demir, Neshe 138
Dene, Kirsten 15
Despalmes, Friedrich 117, 121, 127, 131, 137
Dethier, Brigitte 40f.
Dib, Maroine 117
DiPietro, Joe 101
Doll, Hans Peter 22, 29, 34
Domenik, Jörg 131
Donndorf, Wolf 142
Dor, Karin 9, 54
Dorn, Thea 25
Dorsch, Käthe 9
Dorst, Tankred 17
Drache, Heinz 62f.
Druten, John van 95
Dryden, John 38
Dübe, Bernhard 69, 73
Dudeck, Martin 128
Dumas, Susan 130
Dürrenmatt, Friedrich 17, 22, 105, 111, 117, 121, 133

Ebner, Martina 140
Eder, Boris 84, 126
Ehre, Ida 9, 64
Elton, Ben 149
Enderle, Johann Martin 95, 99
Engel, Thomas 77
Engels, Heinz 127
Engeroff, Klaus 71, 73, 75, 77, 107, 111, 113, 115
Ensikat, Peter 93
Ensslin, Gudrun 13
Enzensberger, Hans Magnus 107
Eppler, Dieter 54, 118
Erler, Rainer 69, 127
Everding, August 107
Exler, Jens 87

Fabbri, Diego 79
Faerber, Regina 72
Faust, Heinrich 11
Fellmann, Rita 65, 83, 111, 119, 121
Fenner, Barbara 74
Ferlings, Wilhelm 144
Filbinger, Hans 13f.
Filippo, Eduardo de 119
Fischer, Albrecht 127, 131
Fischer, Christian 116
Fischer, Hannes 108, 112
Fitz, Peter 30
Flatow, Curth 83, 87, 95, 99
Fleischer, Gert B. 47
Fletcher, Lucille 51
Flick, Horst 61
Flickenschildt, Elisabeth 147

Fo, Dario 26
Ford, Henry 12
Franckh, Pierre 112
Frank, Bruno 73
Franke, Karl-Heinz 51, 53, 55, 57, 59
Frass-Wolfsburg, Peter 61
Freidank, Katja 67, 71
Freudenberg, Daniel 105
Freyer, Achim 11f.
Friedrich, Karl 106, 116
Friel, Brian 35
Friesch, Edwin 127
Frisby, Terence 93
Frisch, Max 22, 107, 127, 133
Fritsch, Herbert 30
Fritsch, Thomas 50, 56
Froschauer, Helmut 51, 53, 59, 61
Fuschl, Helmuth 73

Galin, Alexander 137
Galka, Peter 25, 40
Gardner, Herb 123
Gassauer, Karl 135
Gehrlein, Markus 92, 134
Gems, Pam 125
Genet, Jean 17
Gerber, Regula 24f., 28
Gerhardt, Ladislav 65, 67, 107
Gershwin, George 67
Ghafouri, Norbert 94, 132
Gide, André 17
Giraudoux, Jean 22, 139
Gissel, Henning 104
Giulini, Kerstin 87, 125
Glaubitz, Dominik 25

Glowacki, Janusz 23, 131
Glück, Anselm 25, 105
Glück, Wolfgang 53, 141
Gönnenwein, Wolfgang 15, 29, 32, 34f., 38
Goerden, Elmar 38
Goernemann, Rainer 110
Goethe, Johann Wolfgang 7, 10, 63, 95, 115, 129, 133
Goetz, Curt 9, 51, 63, 73, 77, 81, 85, 93, 97
Goggin, Dan 81
Goldoni, Carlo 28, 148
Goll, Monika 64, 134, 136
Gorbatschow, Michail 31
Gorki, Maxim 38
Grabbe, Christian Dietrich 38
Grant, Bob 79
Grap, Klaus-Peter 70, 72
Grass, Günther 17
Grédy, Jean-Pierre 59, 79, 95
Green, Carolyn 55
Gries, Michaele 64
Griffin, Tom 113
Gross, Fritz 7
Grossmann, Johannes 54
Grothe, Franz 57
Grüber, Klaus Michael 31
Gruner, Michael 35
Guitry, Sacha 73
Gurney, A.R. 10, 83, 117
Gustav III. von Schweden 14
Guttmann, Karl 36

Haaf, Wilm ten 63, 67
Haas, Waltraud 58
Hacht, Reinhard von 132

Hack, Hansjörg 58, 97, 127, 131
Hacks, Peter 17, 111
Hagen, Antje 54, 62, 88, 122, 140
Hahn, Sabine 92
Hahn, Wilhelm 13
Hajek, Otto Herbert 10
Halbe, Max 14
Hamik, Anton 91
Hamilton, Patrick 93
Hampen, Cornelia 82, 134
Hampton, Christopher 113
Hamsun, Knut 14
Hänggi, Pia 106
Hanke, Johanna 100, 124
Hanke, Monika 65
Harms, Klaus B. 27
Harper, Mary 126
Harwood, Ronald 133, 139
Hasenclever, Walter 42, 107, 129, 139
Häser, Carl 41
Hauptmann, Gerhart 22, 109, 115, 123
Hawdon, Robin 91
Haydée, Marcia 27, 35
Hecker, Christiane 88
Heeg, Peter 87
Heerdegen, Edith 11, 22
Hegarth, Alexander 55, 62, 63
Heilmeyer, Renate 104, 110
Heinze, Horst 51, 53, 55, 59, 69, 71, 73, 77, 79
Held, Martin 44
Hellmund, Frank 135
Helmich, Cay 80
Henning, Marc von 39

Hensel, Georg 45, 146
Herbst, Gaby 138
Herburger, Günther 17
Herlet, Susanne 98, 114
Hermann, Erica 77, 79, 81, 85, 87, 89
Herrmann, Herbert 58
Herzberg, Judith 38
Hessenland, Dagmar 84
Heydenreich, Klaus 10, 17f., 144
Heydenreich, Susanne 18
Heyduck, Christof 79, 113, 115, 119, 123
Heyme, Hansgünther 13-16, 22, 29
Heyse, Hans-Joachim 111, 115, 117, 119, 121, 123-125, 127, 129, 131-133, 139
Hildesheimer, Wolfgang 17, 137
Hirschle, Monika 89, 149
Hochwälder, Friedrich 123
Hoffmann, Katinka 68
Hoffmann, Paul 22
Hofmannsthal, Hugo von 117
Hölderlin, Friedrich 20
Holler, Manfred 61
Hollingberry, Vilma 123
Holz, Michael 84f., 87, 89, 93, 95, 120
Höper, Wolfgang 28
Hörnke-Trieß, Andrea 98, 136
Horvath, Ödön von 35
Hosemann, Eva 25
Hudl, Cornelia 114

Hübner, Lutz 25
Hüsch, Hanns Dieter 27

Ibsen, Henrik 113, 117, 127, 131
Ionesco, Eugène 17, 115
Ivo, Ismael 27

Jacobsson, Ulla 141
Jamiaque, Yves 57, 69
Jandl, Ernst 25
Janke, Wolf 68
Janko, Ilo von 57
Janosch 41
Janssens, Peter 109
Jeck, Volker 80, 84, 90, 98
Jendry, Manuel E. 114
Jens, Walter 109
Jensen, Uwe Jens 38
Jesserer, Gertraud 30
Johanning, Horst 69
Jordan, Biggi 47
Joy, Linda 104
Juhrke, Werner 63
Jung, Armin 98, 132, 138
Justin, Elisabeth 10, 17

Kaehler, Jörg 110
Kafka, Franz 17
Kaiser, Georg 10, 79
Kaiser, Joachim 148
Kaizik, Jürgen 117
Kamm, Volkmar 135, 137, 139
Kammann, Jutta 92
Karasek, Daniel 30
Karsunke, Yaak 109
Kaufmann, Monica 74, 78
Kazubko, Friedhardt 88

Kehler, Dieter 55, 59, 63, 67, 121
Kent, Steven 92
Kenter, Heinz Dietrich 36
Kerr, Jean 71, 75
Kerzel, Joachim 106
Keun, Irmgard 18
Khell, Csörsz 20
Kilty, Jerome 109
Kimmig, Stephan 38
King, Philip 77
Kipfer, Heinz 108
Kishon, Ephraim 10, 59, 89
Kistler, Sabine 134
Kleber, Karl 51, 53, 55
Kleist, Heinrich von 117, 137, 139
Klett, Johannes 20
Klett, Renate 31
Klingenberg, Gerhard 105
Klotz, Volker 24
Klügel, Hans-Uwe 124
Kneissler, Rose 88, 91, 93, 95, 97, 99, 101
Knies, Monika 60
Koch, Hansgeorg 11
Koerber, Edith 19f., 33, 41
Koerber, Michael 10, 19
Kohlhaase, Wolfgang 79, 101
Kohout, Pavel 17
Kolaczek, Nina 128
Koltès, Bernhard-Marie 35
Könemund, Hans 133
Kopp, Mila 22
Korner, Berthold 90
Körner, Diana 50
Körner, Hermine 21
Kornmüller, Jacqueline 39

Korte, Hans 9, 112f., 118f., 122f.
Kötter, Jürgen 51, 105
Kotzebue, August von 57
Kraft, Björn-Tilo 96, 128
Kraft, Karin 128
Kraus, Ernst von 140
Kresnik, Johann 35
Kroetz, Franz-Xaver 24, 127
Kröhn, Ekkehard und Marte 79, 83, 87, 89, 91, 119, 123, 127, 129, 131, 133, 135, 137, 139
Krott, Barbara 63, 65, 67, 69, 73, 75, 77, 79, 81, 83, 85, 87, 89, 91, 93, 95, 97, 99, 101, 105, 107, 109, 111, 113, 115, 117, 119, 121, 123, 125, 127, 129, 131, 133, 135, 137, 139
Krügener, Hartmut 77
Kruse, Jürgen 38
Kubitschek, Ruth-Maria 9, 54, 62
Kuhne, Sibylle 78
Kulke, Konrad 139
Künneke, Eduard 61
Kupfer, Bettina 36
Kušej, Martin 38
Kusz, Fitzgerald 71
Kuzmany, Elfriede 120

Labiche, E.M. 125
Ladurner, Angelica 90
Lambrecht, Bernd 126
Lamoureux, Robert 87
Landsittel, Claus 63, 65, 67, 69, 71, 73, 105, 107, 109, 111

Lange, Peter 54
Langreder, Friedel 114
Larbey, Bob 119
Laser, Dieter 9
Laubacher, Norbert 11, 41
Laun, Hans 20
Leidinger, Adalbert 144
Leigh, Mitch 63
Léon, Pierre 89, 101, 125, 131
Lerchenberg, Michael 114
Lessing, Gotthold Ephraim 24, 125, 131
Levin, Ira 59, 61
Liebeneiner, Johanna 120
Liebenfelß, Jörg von 86, 94, 100
Lieven, Heinz 78
Linder, Antonia 21, 138
Lippert, Gerhart 52
Löbel, Bruni 52
Lock, Kirsten 89, 127
Loos, Theodor 22
Lope de Vega 55
Lorca, Federico Garcia 17, 121
Lorma, Grete 22
Lothar, Susanne 30
Löw, Jürg 16
Loy, Christof 38
Lüdecke, Günther 85
Lüdi, Peter 57, 75, 77, 109, 111, 113, 115, 117
Ludwig, Ken 99
Lungenschmid, Andreas 133, 135, 137
Lüttge, Martin 12

Madaus, Tilman 72, 112
Madras, Monika 72, 76, 86
Maetz, Alexandra 134
Magdowski, Iris Jana 40
Mahnke, Hans 22
Maier, Gabriele 71, 73, 75, 77, 79, 81, 83, 85, 113, 115, 117, 121, 123
Mairich, Max 22
Maldeghem, Carl Philip von 23, 148
Manhoff, Wilton 91
Manthey, Axel 30
Mao Tse-tung 9
Marber, Patrick 18
Marcus, Frank 127
Marhold, Irene 56, 66
Mariott, Anthony 79
Marivaux 148
Marks, Malte 77
Mastrosimone, William 107
Mathys, Sue 80
Matiasek, Hellmuth 33
May, Ricky 94
Mayer, Claus 113
McFerrin, Bobby 31
Medoff, Mark 105
Meinhardt, Sabine 65, 77
Meinhof, Ulrike 13
Meisel, Kurt 9
Menrad, Karl 106
Mentzel, Horst 81, 89, 91
Messner, Hans-Peter 114, 120
Meyer, Ottowerner 111, 115, 119, 123
Meysel, Inge 9, 76
Mihura, Miguel 53
Milchert, Petra-Verena 66

Miller, Arthur 22, 117, 121, 125, 129, 139
Minetti, Bernhard 9
Mira, Brigitte 66
Missenharter, Hermann 149
Mitterer, Felix 18
Mittermaier, Rosi 9
Molière 10, 61, 123, 131, 137
Molnar, Franz 75
Monnot, Marguerite 51
Moreau, Jeanne 31
Mozart, Wolfgang Amadeus 31
Moszkowicz, Imo 109
Mrozek, Slawomir 111
Müller, Christoph 16
Müller, Felix 36f.
Münchhausen, Barbara von 100

Nagel, Ivan 29-31, 35
Nash, Richard N. 57
Nemec, Miroslav 118
Nennecke, Hannelore 77
Nestroy, Johann Nepomuk 39
Neureuther, Erich 55
Nichols, Peter 23, 117
Nicolai, Sibylle 58
Niedlich, Wendelin 27
Nixdorf, Heinz 7
Noack, Angela 84
Nola, Jürgen 57, 59, 65, 75

O'Byrne, Joe 137
O'Darkney, George 135
O'Hara, Saul 85
Oelrich, Matthias 126

Ohno, Kazuo 31
Olms, Volkmar 106
Osteroth, Alexander 74, 84
Ostrowskij, Alexander 19

Pacha, Maleen 51, 53, 55, 57, 59, 61, 63, 65, 67, 69, 71, 73, 105, 107, 111, 141
Palitzsch, Peter 13, 15, 28, 30, 35
Peek, Roland 100
Pekny, Thomas 105, 107, 115
Perdacher, Walter 81
Perrig, Elias 39
Pertwee, Michael 81, 85
Peter, Susanne 52, 80, 106
Peymann, Claus 9-15, 21f., 28, 37, 40
Pfaus, Walter G. 93
Pierwoß, Klaus 16
Pillau, Horst 87, 95, 99, 101
Pinkus, Frank 99
Pinter, Harold 17, 111
Plenzdorf, Ulrich 17
Podehl, Peter 63
Pohl, Klaus 35
Politiki, Dinah 76, 138
Ponto, Erich 22
Popp, Petra Maria 84, 86
Poppenborg, Marion 119, 121, 125, 129
Popplewell, Jack 53, 141
Porter, Cole 53, 149
Prankl, Anna 117
Preußler, Otfried 91, 99
Price, Stanley 71
Priestley, John B. 83

Puciata, Christina 94, 96, 134
Purcell, Henry 38

Quadflieg, Will 9, 22, 108
Quast, Michael 36

Racine, Jean 147
Racknitz, Simone von 86
Radke, Ulrich 74
Raichle, Gerda 73
Ramm, Gabriele 80
Rath, Barbara 56
Rauch, Siegfried 62
Rautenberg, Sigrid 60, 96, 108
Regnier, Charles 9, 22, 68, 104
Rehberg, Hans-Michael 30
Reincke, Heinz 22
Reinhart, Christine 70
Reiter, Ebba 140
Rettich, Hannes 32, 142, 145
Revay, Geza 19
Richling, Mathias 11
Richter, Edita 41
Richter, Manfred Raymund 40
Rieck-Pickl, Annemarie 67, 69, 71, 113, 119, 123
Riedy, Paul 36
Rieger, Rotraut 82, 86
Riegraf, Christa 91, 93, 129
Rißmann, Peter 90, 94, 96, 118, 124, 134
Rohweder, Heidemarie 28, 33, 106
Roil, Wilm 106

Roman, Lawrence 77, 101
Romberg, Manuela 110
Rommel, Erwin 15
Rommel, Manfred 13, 32f., 145
Roosch, Antje 62
Rose, Reginald 119
Rosenquist, Olaf 47
Roser, Albrecht 10
Ross, Judith 57
Roth, Friederike 15, 20
Roussin, André 61, 83
Ruch, Walter 112
Rudolf, Sylvia 80
Rudolph, Niels-Peter 30
Ruge, Eugen 25
Rüth, Michael 114

Sackville-West, Vita 149
Sakmann, Bertold 9
Salcher, Evamaria 94, 132
Samarowski, Branko 12, 15
Sandberg, Marvin 97
Sander, Otto 25
Sarment, Jean 75
Sattmann, Peter 15
Saujavon, Marc Gilbert 81
Saunders, James 125
Schaad, Dieter 84
Schäfer, Margarete 77
Schäfer, Walter Erich 30, 34
Scheu, Just 71
Schiller, Friedrich 14f., 111, 129, 149
Schirmer, Friedrich 30, 34-36, 38f., 41
Schirren, Lorenz 130, 140
Schlemmer, Karin 22
Schleyer, Hanns Martin 13

Schlör, Lucia 92
Schmelzer, Heidrun 125, 129
Schmidt, Harald 36f.
Schmidt, Heiner 65
Schmitt, Eric-Emmanuel 133
Schneider, Susanne 25
Schneider, Hansjörg 129
Schnitzler, Arthur 14, 105, 115
Scholz, Eva-Ingeborg 47
Schön, Wolfgang 79, 83, 85, 87, 119, 123, 127
Schrader, Julie 17
Schramm, Günther 50, 68, 75, 82
Schretzmeier, Werner 26f.
Schroeder, Karin 84
Schubert, Franz 20
Schultheiß, Walter 70, 72, 80, 90, 94
Schumann, Hans 142
Schupnek, Tanja 130
Schuster, Wolfgang 145
Schütze, Ludwig 54
Schwab, Barbara 41
Schwab, Werner 28, 34f.
Schwartzkopff, Helga 77, 107, 109, 111, 113, 115, 117, 119, 121, 129
Scribe, Eugène 10, 61
Sedelmeier, Dorit 33
Seeck, Adelheid 7f.
Seer, Alexander 24
Sellars, Peter 31
Semmelroth, Wilhelm 65
Seneca, Lucius Annaeus 38
Seywirth, Günther 134, 136

Shaffer, Anthony 67
Shaffer, Peter 73, 105, 127
Shakespeare, William 14, 19, 23, 109, 113, 115, 117, 119, 133, 149
Shaw, George Bernard 7, 22, 42, 63, 129, 137
Sheridan, G.B. 137
Sherman, James 91, 139
Sidler, Erich 39
Siemsen, Rolf 27f.
Sihler, Karl-Jürgen 134
Silberschneider, Johannes 30
Silhavy, Olivia 74
Simon, Neil 10, 51, 53, 59, 69, 83, 85, 87, 113, 125
Singer, Peter 134
Slade, Bernhard 51, 61, 65, 67
Slawkin, Viktor 31
Sommer, Christoph 98
Späth, Lothar 13, 21
Speidel, Jutta 58
Spieß, Katja 41
Sprenger, Wolf-Dietrich 35, 69
Spring, Rudi 61
Stahl, Nicola 91, 93, 95, 97, 99, 101, 129, 131, 133, 135, 137, 139
Stahlke, Winfried 78, 83, 112
Steck, Dietz-Werner 9, 36
Stegmann, Dieter 75
Stein, Peter 10, 12
Sternheim, Carl 22, 105, 119, 123
Stevens, Leslie 47, 53

Stevens, Matthias 63
Stobbe, Michael 112
Stolzmann, Heidi von 87, 125
Stolzmann, Reinhart von 66, 82, 86f., 90, 96, 110, 114, 120, 125f., 130, 136
Strack, Günther 36
Strahl, Erwin 58f.
Strauß, Botho 125
Streul, Eberhard 87, 125
Strindberg, August 107, 123
Stroebele, Stefanie 94, 97-99, 101
Stroux, Thomas 93
Strunz, Sandra 39
Summ, Michael 81
Surer, Alexandra 84
Sylvanus, Erwin 144
Szabo, István 19
Székely, Gábor 19

Tayler, Janet 80
Taylor, Samuel 67
Thayenthal, Karina 101
Thielemann, Gudrun 50, 68
Thiesler, Sabine 97
Thoma, Ludwig 99, 129
Thomas, Dylan 119
Thormann, Jürgen 124, 129
Tinney, Claus 59, 63, 71
Tismer, Anne 38
Tobias, John 57
Tölle, Christoph 144
Tolstoi, Leo 105
Tomaszewski, Henryk 105
Tränkle, Hans 35
Trautwein, Martin 119, 121, 123, 125, 127, 131

Treichler, Hans 110
Tremper, Susanne 114
Trixner, Heinz 132f.
Troll, Thaddäus 17, 135
Tropf, Wolf Dieter 130, 132
Tschechow, Anton 19, 111
Tucholsky, Kurt 42f.
Tukur, Ulrich 30, 36
Turrini, Peter 119

Uhl, Carola 60
Ullrich, Ulrike 82
Ulich, Petra 50
Unger-Soyka, Brigitte 34
Ussat, Erika 66, 78, 84, 90, 92, 114, 120
Ustinov, Peter 113

Valle-Inclan, Ramon de 17
Veber, Francis 51, 89, 97
Venzky, Gert B. 51, 53, 57, 59, 61, 65, 67, 69, 71, 73, 75, 77, 79, 81, 83, 85, 87, 89, 91, 93, 95, 97, 99, 101, 111, 113, 115, 117, 119, 121, 123, 125, 127, 129, 131, 135, 137, 139
Verdi, Giuseppe 14
Verhoeven, Lis 107, 131
Verneuil, Louis 69
Vian, Boris 25
Vierock, Frithjof 92
Vögel, Stefan 101
Voss, Gert 15
Vostell, Wolf 14

Wachsmann, Jutta 105, 109, 117, 121, 129, 131, 133, 135, 137

Wackernagel, Erika 70, 72
Wader, Hannes 27
Wagner, Richard 9
Walser, Martin 17, 109, 121, 135
Walser, Theresia 25
Wasserstein, Wendy 75
Weber, Markus 81
Wedekind, Frank 107
Weidemann, Kurt 26
Weisenborn, Günther 137
Weiss, Peter 17, 36
Weiss, Samuel 38
Weissner, Viola 124, 140
Weyland, Nils 84, 86, 96, 98, 132, 134, 138, 140
Wichmann, Joachim 65
Widmer, Urs 135
Wiecke, Maria 122
Wiedemann, Elisabeth 68
Wiens, Wolfgang 101
Wiese, Peter von 67, 71, 79, 81, 83, 85, 87, 89, 91, 93, 95, 97, 99, 101, 107, 109, 111, 113, 115, 117, 119, 121, 123, 125, 127, 129
Wilde, Donald R. 85, 93
Wilde, Oscar 127, 135
Wilder, Thornton 22, 111, 121
Wildgruber, Ulrich 30
Wilhelm I. von Württemberg 20
Wilke, Klaus Dieter 135, 137, 139
Williams, Hugh und Margret 55
Willis, Ted 55
Wilson, Robert 30, 31

Windorf, Astrid   129, 133
Winter, Judy   36
Wissemann, Günther   57, 61, 69, 71, 75
Wittlinger, Karl   67, 77, 81
Wolf, Friedrich   28
Wolff, Reinhard   125
Wood, David   95
Woolf, Virginia   149
Worth, Martin   53, 55
Woyda, Gerhard   11, 27, 41
Wuttke, Martin   30
Wyhl, Günther von   51, 53, 55, 57, 59, 61, 63, 65, 67, 69, 71, 73, 105, 107, 111, 141

Yeldham, Peter   51, 55, 81
Youmans, Vincent   59

Zadek, Peter   9, 30, 37
Zanth, Ludwig von   20
Zecha, Fritz   115
Zehelein, Klaus   34f.
Zein, Kristin   92, 96, 138
Zeller, Felicia   25
Ziebig, Werner   130
Zimmer, Rita   79, 101
Zimmermann, Jörg   105
Zippel, Iris-Andrea   96
Zsámbeki, Gábor   19
Zuckmayer, Carl   113
Züger, Heidi   78

BILDNACHWEIS

Wilhelm Pabst, Uhingen   Seiten 8, 50-83, 104-108, 110-121, 141
Sabine Haymann, Stuttgart   Seiten 45, 88-101, 124, 126-139, 148
fact, Stuttgart   Seiten 84-87, 122-123, 125
Wolfgang Borrs, Berlin   Seite 11
Gudrun Bublitz, Stuttgart   Seite 39
Riccardo Desiderio, München   Seite 143
Euro-Studio Landgraf, Titisee-Neustadt   Seite 109
Wilhelm Mierendorf, Stuttgarter Zeitung   Seiten 29, 34
Heike Schiller, Stuttgart   Seite 25
Eckart Schönlau, Bielefeld   Seite 24
Achim Zweygarth, Stuttgarter Zeitung   Seite 26
Aufnahmen aus Privatbesitz   Seiten 14, 17, 18, 19, 37, 140